MEU PRIMEIRO AMOR

Adeilson Salles

Ilustração: L. Bandeira

Copyright © 2010 *by*
FEDERAÇÃO ESPÍRITA BRASILEIRA – FEB

1ª edição – Impressão pequenas tiragens – 6/2024

ISBN 978-85-7328-652-6

Todos os direitos reservados. Nenhuma parte desta publicação pode ser reproduzida, armazenada ou transmitida, total ou parcialmente, por quaisquer métodos ou processos, sem autorização do detentor do *copyright*.

FEDERAÇÃO ESPÍRITA BRASILEIRA – FEB
SGAN 603 – Conjunto F – Avenida L2 Norte
70830-106 – Brasília (DF) – Brasil
www.febeditora.com.br
editorial@febnet.org.br
+55 61 2101 6161

Pedidos de livros à FEB
Comercial
Tel.: (61) 2101 6161 – comercial@febnet.org.br

Adquirindo esta obra, você está colaborando com as ações de assistência e promoção social da FEB e com o Movimento Espírita na divulgação do Evangelho de Jesus à luz do Espiritismo.

Dados Internacionais de Catalogação na Publicação (CIP)
(Federação Espírita Brasileira – Biblioteca de Obras Raras)

S168p   Salles, Adeilson Silva, 1959-

     Meu primeiro amor / Adeilson Salles; [Ilustrações: Lourival Bandeira de Melo Neto]. – 1. ed. – Impressão pequenas tiragens – Brasília: FEB, 2024.

     102 p.; il. color.; 23cm

     ISBN 978-85-7328-652-6

     1. Literatura infantojuvenil brasileira. I. Melo Neto, Lourival Bandeira de. II. Federação Espírita Brasileira. III. Título.

CDD 028.5
CDU 087.5
CDE 82.00.00

Eu te amo

Amo-te eu

Te amo eu

Meu amor é seu.

Pri

O CONCURSO DE POESIA

*Se o meu coração falasse,
Ele iria te dizer,
Que passou a bater mais forte,
Quando passei a amar você.*

Pri

No início do segundo semestre, acontecia tradicionalmente, na escola de ensino médio Olavo Bilac, o Concurso de Poesia. Todos os anos algum escritor era homenageado. Na aula de Literatura, a professora Maria de Lourdes orientava os alunos:

— Pessoal, o tema para o nosso Concurso de Poesia deste ano é livre. A poesia pode tratar sobre Natureza, amor ou o assunto que vocês quiserem. Neste ano, a direção da escola resolveu homenagear a grande poetisa da literatura nacional Cora Coralina, de quem iremos falar nas próximas aulas.

— Ah! Professora... — afirma Natália, uma das alunas — esse ano nossa classe estará bem representada... a Pri é muito boa em poesias.

Sem graça com o comentário de sua melhor amiga, Priscila finge que não ouve.

— Ela é uma forte candidata, mas não podemos esquecer que esse ano todas as classes do ensino médio estarão competindo. Não vai ser fácil ganhar do pessoal do terceiro ano.

— A Irina tem razão — concorda Afonso, um garoto que sentava no meio da classe e tinha sido transferido no início do ano para aquela escola —, o pessoal do terceiro ano tem até uma banda! Tem gente lá que compõe músicas e escreve muito bem.

— E os prêmios, professora? Quem ganhar o concurso vai levar o quê? — indaga Peu, outro garoto da classe.

— Quem ganhar o concurso de poesias vai receber de presente um computador e todos os livros da nossa homenageada, a poetisa Cora Coralina.

— Uauuuu! — surpreende-se Peu com os prêmios.

Alheia àquela conversa, Priscila olhava para Afonso e pensava:

"Se você soubesse, Afonso, que a poesia que me classificou foi feita pra você. Se você prestasse atenção nos meus olhos, veria meu coração dentro deles, batendo apressado todas as vezes que penso em você".

Natália, que observava a amiga, provocou:

— Professora!

— Sim, Natália, pode falar...

— Dizem que os poetas mostram o que o coração sente através das poesias que escrevem, é verdade?

— A escrita é fonte reveladora do que sentimos. Os poetas, pessoas extremamente sensíveis, escrevem com o coração.

— Entendi..., então vai ser fácil a Pri ganhar o concurso...

— Como assim?

— Olha pra ela, professora...

— O que é que tem, Natália?

— Ora, professora, basta olhar e ver que os olhos dela estão brilhando... apaixonados.

A classe toda caiu na gargalhada e Priscila se deu conta de que estavam falando dela.

Sorriu sem graça e, com o olhar, fuzilou a amiga.

A professora pediu silêncio e explicou:

— Como a poesia da Priscila foi escolhida a melhor da classe, agora ela irá concorrer com todas as outras classes. Porém, para a final do concurso, ela deverá escrever uma nova poesia, pois as poesias escolhidas na eliminatória de cada classe não poderão concorrer. A primeira fase foi realizada para diminuir o número de concorrentes e escolher um representante de cada classe.

— Mas, também, professora, teve gente que concorreu até com letra de *rap*... — afirmou Ferrugem, com ironia, um garoto sardentinho que tinha o cabelo amarelo.

— E o que é que você tem contra o *rap*? — perguntou Fernando, um aluno que sentava no fundo da classe.

— Nada, Fernando, não tenho nada contra o *rap*, só que o concurso é de poesia e não de música — esclareceu Ferrugem, sorrindo.

— O *rap* é um tipo de poesia... não é, professora?

— Fernando, o *rap* é uma manifestação cultural da nossa época. Por meio dele, os jovens falam de seus sentimentos e expõem as próprias opiniões sobre a vida. Podemos conceituar o *rap* como um tipo de poesia urbana, modernista.

— Tá vendo, Ferrugem! — alegrou-se Fernando com o esclarecimento da professora.

— Fala sério, professora! — contrariou-se Ferrugem com a explicação.

O sinal, indicando o fim da aula de Português, ecoou pela escola e o falatório foi geral.

Aumentando a voz, a professora alertou:

— Não se esqueçam de que a final do concurso será na próxima sexta-feira. Temos uma semana pela frente. — E, olhando para Priscila, indagou: — Dá tempo pra você, Priscila?

— Vou fazer o possível, professora.

— E faça mesmo; vai ser a primeira vez que um aluno do primeiro ano vai ganhar esse concurso na nossa escola — avisou Ferrugem.

— É verdade, pessoal, nunca um aluno do primeiro ano ganhou o concurso. Vamos torcer! — Maria de Lourdes afirmou, já saindo em direção à porta.

Fernando, que ouvia tudo, puxou o coro, deixando Priscila sem graça:

— Priscila, Priscila, Priscila!

Eu te amo

Amo-te eu

Te amo eu

Meu amor é seu.

Pri

NO INTERVALO

Quero teus passos em meus caminhos,
Os nossos sonhos serão realizados,
Enfeitarei tua vida com meus carinhos,
Seremos sempre apaixonados.

Pri

Enquanto sugava o canudinho do suco de frutas, Priscila ouvia da amiga:

— Pri, você está se entregando...

Ela para de bebericar o suco e diz:

— Como me entregando?

— Fala sério! Pri, você não tira os olhos do garoto.

— Que garoto?

— Eu te conheço, amiga. Nunca te vi interessada em ninguém, mas desde que o Afonso foi transferido pra nossa classe seus olhos não desgrudam dele.

Desconcertada e sem graça, Priscila responde:

— Tá dando na vista desse jeito?

— E como! Acho que ele também tá interessado.

Surpresa, e ao mesmo tempo feliz com a descoberta da amiga, interessou-se:

— Como você sabe disso?

— Está na cara, quer dizer, no olhar; vi que ele olhava para você de rabo de olho várias vezes na classe.

— Sério?!

— Seriíssimo!!! — a voz vinha de um aluno que ouviu o final da conversa e se aproximou.

— Ah! Ferrugem, o que você quer? — indagou Natália contrariada.

— Eu quero???!!! Vocês é que desejam a companhia do garoto mais descolado dessa escola. — E, rindo, continuou: — Priscila, quando for escrever a poesia para a final do concurso, pense em mim.

— Sai dessa vida, Ferrugem, você não se enxerga? — Priscila ria com o amigo.

— Ela é uma garota legal, Natália, pena que não me compreenda, mas tudo bem. Vou te dar uma chance, Natália. Você tem um minuto pra ficar olhando nos meus olhos sem se apaixonar.

— Ferrugem, você tem um minuto para ir à cantina e me trazer um suco, antes que eu me irrite com você.

— Mulheres, mulheres... quanta incompreensão! Eu vou buscar o suco, mas não morram de saudade de mim.

— Vá logo, Ferrugem, senão vamos morrer é de sede! — Natália gargalhava, empurrando o amigo.

Priscila retoma o assunto:

— Então estou dando na vista de todo mundo. Acho que estou amando pela primeira vez.

— Está dando na vista. Até a professora de Português percebeu. Como você sabe que está amando pela primeira vez?

— É o meu primeiro amor. Meu coração acelera, fico pensando nele várias vezes ao dia. Tenho vontade de ficar perto dele e tenho dificuldades em me concentrar. O que você acha, Natália?

— Se não é amor, é doença grave! — Natália sorriu ao dizer isso.

— Pare de brincar comigo! — zangou-se Priscila contrafeita.

Neste instante, Natália olha para o lado, cutuca a amiga com o cotovelo e diz:

— Lá vem o percussionista cardíaco!

— Percussionista cardíaco? — Priscila indagou sem entender.

— Você não disse agora há pouco que ele altera as batidas do seu coração?

— Shhhhhh, pare com isso, engraçadinha! — resmunga Priscila aborrecida.

Sorridente, Afonso se aproxima trazendo duas caixinhas de suco.

— Oi, meninas!

Em coro, as duas respondem:

— Oi!

Natália, com bom humor, ironiza:

— Ah, não precisava se incomodar trazendo o suco pra mim...

— Opa! sua traidora, aqui está seu suco! — e Ferrugem, que chegava naquele instante, estendeu o braço com a caixinha.

— Como existem cavalheiros neste colégio, não é, Pri?

— É verdade, Natália! — riu Priscila. — Aqui temos dois exemplares dessa raça em extinção.

— Vamos, Ferrugem, este suco que você trouxe está quente...

— Mas... está geladíssimo, a dona Rita da cantina escolheu pra mim.

— Não seja teimoso, está quente; vamos! — ela puxa o garoto pelo braço e deixa Priscila sozinha com Afonso. Ferrugem sai reclamando:

— Nossa! Como sou incompreendido!

Afonso e Priscila ficam sozinhos e mudos, um mutismo que era quebrado pelo tagarelar do descompasso daqueles jovens corações, ao sabor das primeiras emoções da afetividade.

Olhos que olhavam para todos os lados, mas não tinham coragem de se olhar.

Até que...

— Parabéns... — disse ele.

— Pelo quê? — disse ela.

— Por representar a nossa classe no Concurso de Poesia.

— Ah..., obrigada!

No momento em que ela responde, eles se olham.

Uma agradável sensação os envolve.

Ela se vê nos olhos dele, ele se vê nos olhos dela.

Como se fossem pegos em algum delito, envergonhados, baixam os olhos.

Ela pensa: *"Ele é o garoto mais lindo que eu já vi".*

Ele pensa: *"Ela é a garota mais linda que eu já vi".*
Novo silêncio...

— Vocês não ouviram o sinal de fim de intervalo? — interrompeu-os o inspetor, seu Augusto.

— Vamos, Priscila. Desculpe, seu Augusto, nós não ouvimos.

Priscila não diz nada; em silêcio acompanha Afonso para a sala de aula.

Quando entram na sala, o professor Alfredo, de Química, já se encontrava na classe. Ele olha para os dois e diz:

— Andam realizando alguma experiência química?

Sem entender, Afonso pergunta:

— Como assim, professor?

— Eu perguntei se o jovem casal anda promovendo alguma reação química?

A classe toda ri, e o professor aconselha:

— Deixa pra lá..., acho que vocês ainda estão em processo de fusão.

A classe gargalha mais uma vez.

A aula prossegue; sem graça, Priscila não consegue olhar para Afonso. Em sua mente, os pensamentos se agitam e a imagem daquele garoto passeia em sua cabeça, pra lá e pra cá.

A Final do Concurso

Se a boca sabe sorrir,
Se os olhos sabem chorar,
Meu coração só me faz sentir,
Que para sempre eu vou te amar.

Pri

No dia seguinte, na hora do intervalo, Priscila e Natália conversam animadamente.

— E então, Pri, sonhou com o Afonso esta noite? — Natália perguntou, rindo.

— Não sonhei com ele enquanto dormia, mas, estar acordada e sentir o interesse dele por mim, parece um sonho.

— Nossa!!! É amor mesmo!

— É o meu primeiro amor, e quero que seja para sempre.

— Fala sério, Pri! Você tem 15 anos e já encontrou o amor da sua vida?

— E por que não? Já li histórias de amor que começaram na minha idade e duraram a vida toda.

— Você anda lendo muitos romances!

— Pare com isso, Natália! Eu gosto do Afonso e quero que o meu amor por ele seja para sempre.

— Acho que você é daquelas que acreditam em histórias de princesas que transformam sapos em príncipes com uma beijoca.

As duas amigas não perceberam que duas garotas do terceiro ano se aproximaram.

— Olá, Priscila!

— Oi, Cíntia!

— Vamos competir no Concurso de Poesia?

— Parece que sim... — Priscila respondeu animada.

— Duvido que você consiga me vencer, não é, Lia?

Cíntia sorria ironicamente com a colega de classe. Natália, irritada, respondeu:

— Não tenha tanta certeza assim de que você vai ganhar. Quem é que te garante isso?

— Quem garante? — Cíntia respondeu perguntando, e gargalhava com Lia. — Só pra você saber, garota — dizia isso de dedo em riste para Natália —, somos do terceiro ano, fui a vencedora do ano passado. Tá legal?

— Passado é passado, garota, ganhou... — seguia Natália provocando. — Duvido que você consiga escrever melhor que a Priscila.

— Vamos ver se bichos como vocês já foram alfabetizados! — Cíntia endureceu a provocação.

Dando de ombros, Natália chamou Priscila:

— Vamos, Pri..., elas estão se achando só porque são do terceiro ano!

Natália se afastou com Priscila, mas ainda ouviu outra provocação:

— Lia, já imagino a poesia dela..., deve ser assim: "batatinha quando nasce se esparrama pelo chão...".

Gargalhando, dão as costas e voltam para a classe.

Natália olha para trás e ainda vê Cíntia beijando o namorado, um garoto do terceiro ano, chamado Murilo.

Era muito comum ver a Cíntia trocando beijos com o namorado na quadra da escola.

Seu Augusto, o inspetor de alunos, já pedira várias vezes para os dois serem mais comedidos, mas que nada. Todos os dias, no intervalo das aulas, lá estavam eles aos beijos e abraços.

Os dias passaram rapidamente e a final do concurso foi se aproximando.

Toda a quadra da escola estava repleta de cadeiras. Alunos de todos os períodos compareciam.

Cada classe organizou a própria torcida para seu representante.

As poesias seriam lidas, para todo o público, pelos próprios autores.

A comissão julgadora era composta por convidados vinculados à Literatura.

Antes da declamação das poesias finalistas, seria prestada uma homenagem à grande poetisa Cora Coralina. A professora de Literatura, Maria de Lourdes, que era muito querida por todos os alunos, declamaria um poema da grande poetisa goiana, Ana Lins de Guimarães Peixoto Brêtas, nome verdadeiro de Cora Coralina.

A direção da escola pediu silêncio e deu início à pro-
-gramação do evento.

Dona Mirtes, a diretora, teceu alguns comentários sobre a poetisa homenageada, lendo breve biografia e falando de algumas de suas obras. Após a apresentação de algumas pessoas importantes da sociedade, como o Secretário de Cultura do município, a professora Maria de Lourdes foi chamada para recitar o poema escolhido.

Assim que a diretora mencionou o nome da professora, ouviram-se muitas palmas e assovios dos estudantes.

A professora, tomando o microfone, iniciou sua fala:

— O nosso Concurso de Poesia não poderia escolher personagem melhor da nossa literatura para homenagear. A poetisa Cora Coralina, além de muito talentosa, é um exemplo de perseverança e amor pela poesia. Escolhi, entre tantas poesias belíssimas, uma que sem dúvida toca o coração de qualquer pessoa. O título desse poema é "Não sei", e ele diz assim:

Não Sei

Não sei... se a vida é curta
ou longa demais pra nós,
Mas sei que nada do que vivemos tem sentido,
se não tocamos o coração das pessoas.

Muitas vezes basta ser:
Colo que acolhe,
Braço que envolve,
Palavra que conforta,
Silêncio que respeita.

Alegria que contagia,
Lágrima que corre,
Olhar que acaricia,
Desejo que sacia,
Amor que promove.

E isso não é coisa de outro mundo,
é o que dá sentido à vida.
É o que faz com que ela
não seja curta,
nem longa demais
Mas que seja intensa
Verdadeira, pura...
Enquanto durar.

Cora Coralina

Assim que a professora terminou a declamação do poema, todas as pessoas, emocionadas com a beleza das palavras, aplaudiram efusivamente.

A professora Maria de Lourdes passa a palavra à diretora.

E o computador vai para...

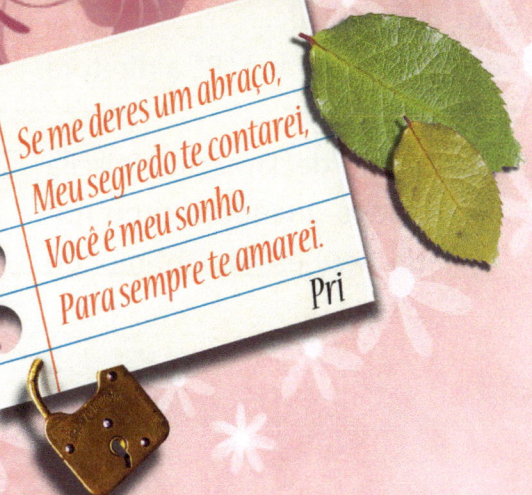

Se me deres um abraço,
Meu segredo te contarei,
Você é meu sonho,
Para sempre te amarei.
                    Pri

Dona Mirtes pediu silêncio e, auxiliada pela professora de Literatura, iniciou a disputa final.

Antes de cada poesia ser declamada pelos alunos, os jurados recebiam uma cópia escrita para avaliar a qualidade do poema.

No total, 26 classes concorriam.

Os alunos do terceiro ano "B", que era a classe de Cíntia, eram os mais barulhentos. Eles estavam confiantes em mais uma vitória dela.

Quando Priscila foi chamada para declamar a sua poesia, algumas vaias dos alunos do terceiro ano foram ouvidas.

Assim que ela terminou, um coro, logo contido por dona Mirtes, gritou:

— Bichos, bichos, bichos...

Afonso, Ferrugem, Peu e Fernando, que estavam ao lado de Natália, eram os que mais gritavam:

— Já ganhou, já ganhou, já ganhou!

Devido às provocações do terceiro ano "B", a diretora pediu para Priscila repetir o poema.

Mais calma, depois da primeira declamação, Priscila causou grande impacto nos jurados quando recitou novamente o poema que refletia seu estado íntimo de apaixonada:

A razão e o coração

A razão disse ao coração:
— Coração, pare para pensar!
E o coração responde:
— Um coração que se preze vive apenas para amar!
Excesso de razão me faz enfartar!
O que pode a razão ante as batidas apaixonadas de um coração?
Ele bate porque quer bater.
Não adianta a razão escolher.
Ele bate pra quem quiser.

Mesmo que as batidas percam o ritmo no desprezo de um mal-me-quer.
De que vale a razão ante as loucuras desvairadas de um coração?
Mesmo que o ritmo da batida lasque a alma, rompa os sonhos e abra feridas.
Ele bate por que quer.
Bate apressado por quem quer.

E a razão grita: toma juízo!
E ele segue batendo alucinado; num ritmo ansioso e apaixonado.
E confunde até a razão que se perde num não pensar desajuizado.
O que pode a razão ante as paixões que sacodem um coração?
A razão não pode nada, ela só ganha força quando a paixão fica e ofegante descansa.
E quando o coração chora e se arrepende.
A razão o consola dizendo: é só amando que se aprende!

Assim que ela terminou de declamar, uma grande salva de palmas, misturada com gritos, tomou conta da quadra.

Todos aplaudiam, menos alguns alunos do terceiro ano "B", que vaiavam, é claro.

Fazendo sinal com as mãos para que o silêncio se estabelecesse, dona Mirtes foi ao microfone:

— Pessoal, ainda falta uma concorrente do nosso concurso!

Priscila, que já estava ao lado dos amigos e, de tão nervosa, segurava a mão de Afonso, falou:

— Falta justamente a Cíntia, ela é a única que não declamou a poesia.

— Pelo regulamento, como ganhadora do concurso passado, ela tem o direito de se apresentar por último — alertou Fernando.

E a diretora convoca Cíntia para declamar seu poema:

— Agora, temos a honra de chamar a última concorrente deste ano, a vencedora do ano passado, a aluna do terceiro ano "B", Cíntia Valverde dos Santos!

Os aplausos eclodiram e, passados alguns longos se-gundos, Cíntia não apareceu.

A diretora chama mais uma vez:

— Cíntia Valverde dos Santos...

Dona Mirtes olha para a professora de Literatura, que se aproxima e fala ao ouvido da diretora.

— Não sei o que aconteceu, a Cíntia não apareceu na escola hoje, e tinha todos os motivos para não faltar, pois poderia ganhar o concurso. Corrigi o poema e vi que ela era uma forte candidata. O mais estranho de tudo isso é que nem ela nem o namorado apareceram hoje.

Para que o concurso não sofresse interrupção, a diretora decidiu:

— Atenção, pessoal... atenção... como o regulamento do concurso diz que os concorrentes devem declamar a poesia no final, eu considero a última concorrente desclassificada, pois não compareceu à escola hoje.

— Ahhhh! — um lamento geral foi ouvido no auditório da escola.

Os próprios alunos do terceiro ano "B" não sabiam o que havia acontecido; por que nem Cíntia nem o namorado apareceram na escola.

Como Cíntia era muito convencida — diziam os próprios colegas —, eles acreditavam que ela e o Alex só chegariam momentos antes de ela declamar o poema.

Os colegas mais próximos interrogaram Lia a respeito da amiga:

— Nossa classe vai pagar esse mico, Lia? — indagou um.

— Fizemos faixa, torcida organizada para servir de palhaços para os bichos do primeiro ano? — questionava outro.

— Eu não sei o que aconteceu, ainda ontem deixei recado nas redes sociais dela, desejando boa sorte para hoje. E o pior é que o Alex também não apareceu.

Priscila e os colegas do primeiro ano se entreolhavam sem acreditar. Realmente algo de muito sério havia acontecido para Cíntia desistir do concurso.

— Ela deve ter ficado com medo de perder! — afirmou Peu com ironia.

— Que nada, Peu, pode ter acontecido algo mesmo! — disse Afonso com ar de preocupação.

O burburinho era grande, e dona Mirtes falou:

— Silêncio, pessoal, os jurados terão alguns minutos para decidir quem será o vencedor do nosso Concurso Cora Coralina de poesias.

Nesse ínterim, enquanto todos aguardavam o resultado do concurso, a professora de Literatura pediu a seu Augusto que fosse à secretaria e telefonasse para a casa de Cíntia a fim de saber o motivo da ausência dela.

Quando a diretora da escola de ensino médio Olavo Bilac se aproximou do microfone para divulgar o resultado final, o envelope de cor parda na mão dela era observado por centenas de olhos.

Ela arrumou o microfone que estava fora do lugar. Pigarreando, disse:

— A direção da nossa escola deseja parabenizar todos os alunos que participaram desta edição do nosso Concur-so de Poesia. Vale lembrar que essa iniciativa tem como finalidade a exaltação da leitura e o incentivo à escrita em nossa sociedade. É preciso que se leia mais em nosso país. A leitura fomenta a transformação de um povo e a prática da cidadania. Vamos agora à divulgação do vencedor, ou da vencedora, do nosso concurso. Divulgaremos os nomes a partir do terceiro colocado. Estão preparados?

— Sim! — o coro foi geral.

— Posso começar?

— Sim! — novamente a unanimidade das vozes.

— Em terceiro lugar, com o poema "Terra em transe", a aluna do segundo ano, Patrícia Silveira!

Aplausos misturados com assovios tomaram conta do auditório.

Patrícia recebeu a medalha de participação e livros de Cora Coralina.

— Em segundo lugar, para nossa alegria, um aluno do primeiro ano, com o poema "Brasil do Futuro"... Aloísio Bechara Neto!

Aloísio recebeu a medalha e livros de Cora Coralina.

Mais aplausos e apupos.

— Chegou o grande momento, e a direção desta escola sente-se honrada em ter vocês como alunos. Todos são vencedores..., e o computador vai para o poema *A razão e o coração*, de Priscila Almeida Moraes!

Uma explosão de alegria tomou conta de todas as classes de primeiro ano, a vitória de Priscila era a vitória contra o preconceito dirigido aos alunos novos.

Os olhos dela brilhavam de emoção. Afonso, que a contemplava, segurando em suas mãos, abraçou-a com tanto carinho que os dois se sentiram como se fossem transportados para outra época e momento de suas vidas.

Uma energia amorosa os envolveu.

Findo o abraço, eles se viam um nos olhos do outro, e pela primeira vez, de maneira espontânea e terna, um breve beijo nos lábios aconteceu. Os colegas em volta aplaudiram entusiasmados.

No espaço de tempo em que Priscila se dirigia para o palco, todos puderam observar Maria de Lourdes aproximando-se novamente do ouvido da diretora que, após ouvir o que a professora dissera, teve seu semblante transformado.

Priscila recebeu os prêmios e parabéns de todos, mas, depois daquele concurso, muita coisa mudaria em sua vida e na de seus amigos.

O sumiço de Cíntia

*Um pedido a Deus fiz,
Para minha felicidade,
Ele então me mandou você,
Um amor de verdade.*

Pri

Na manhã seguinte, a notícia caiu como uma bomba na escola.

Cíntia e o namorado Alex haviam desaparecido.

Os comentários eram os mais variados, mas o certo é que os dois jovens não tinham nenhum motivo para fugir sem deixar rastros.

Priscila e todos os amigos do primeiro ano não puderam comemorar, como desejavam, a vitória no Concurso de Poesia.

Algo de muito grave havia acontecido.

Wagner, um garoto da classe de Cíntia, que era amigo de Ferrugem, aproximou-se do grupo de amigos do primeiro ano.

— E aí, pessoal...

— Como estão as coisas, Wagner? — quis saber Ferrugem.

— Nada de novo; vão anunciar nos jornais o desaparecimento dos dois.

— Ninguém percebeu nada no comportamento deles? — indagou Natália.

— A única novidade que está rolando de boca em boca é que a Cíntia estava grávida.

— Puxa..., mas como o pessoal inventa coisas! — admirou-se Fernando.

— Não é invenção — afirmava Wagner —, a informação é quente, foi a Lia que confirmou. A única pessoa que sabia disso era ela. As duas são unha e carne. Onde está uma, lá está a outra.

— É mais um motivo para preocupação... grávida mesmo? — inquietou-se Afonso.

— Grávida de verdade. Lia teve que contar isso para a mãe da Cíntia. É um assunto muito sério para se esconder — falou Wagner com gravidade nas palavras. — Pessoal, vou indo...

— Valeu, Wagner! — agradeceu Ferrugem, batendo a palma da mão na palma da mão de Wagner.

— Pessoal, tem algo muito estranho nessa história — alertou Priscila.

— O que você quer dizer com isso? — perguntou Natália.

— Se prestarmos atenção nessa situação, não vejo motivo para eles fugirem.

— Mas você não acha que a gravidez é motivo suficiente pra eles fugirem? E se os pais deles resolvessem criar problemas? — contrapôs Fernando, que estava calado até aquele instante.

— Não acredito que os pais da Cíntia iriam mandar ela embora ou coisa assim — afirma Priscila com convicção.

Neste instante, Peu, que estava com o MP3 ligado e fones no ouvido, avisou:

— Galera, galera, estou ouvindo uma rádio e eles estão dando as últimas informações do casal de estudantes desaparecido. Estão dizendo que eles não levaram nenhuma roupa, não levaram absolutamente nada.

— Isso significa — interrompeu Afonso — que eles não fugiram.

— Tem razão, Afonso — intrometeu-se Ferrugem —, se eles quisessem fugir teriam premeditado e se preparado para isso. Levariam roupas e tudo mais que pudessem carregar.

— Informaram mais alguma notícia que não tomamos conhecimento, Peu? — inquiriu Afonso.

— Nada de novo, só mesmo a informação de que eles não levaram nada.

— Concluindo esses fatos e ligando os pontinhos desse raciocínio, acho que a situação é grave — afirmou Natália, coçando a cabeça.

— E o que podemos fazer? — perguntou Fernando.

— Tentaremos descobrir alguma pista, o que vocês acham? — indagou Priscila.

— Numa situação como esta, não se pode brincar de detetive. Podemos nos envolver em confusão — aconselhou Natália.

— É uma garota da nossa escola, se pudermos fazer alguma coisa, por que não? — alerta Afonso, olhando para todos.

— Afonso está certo, galera. Ontem foi a Cíntia e o Alex, amanhã pode acontecer com a gente — deduziu Ferrugem.

— Precisamos agir em segredo até descobrirmos algo. É nossa segurança que está em jogo — aconselhou Priscila.

— Então viramos um grupo de detetives mesmo? — brincou Fernando.

— Somos cinco adolescentes preocupados com o desaparecimento de outros jovens. Acho difícil descobrir-mos algo, mas por que não tentar? — advertiu Afonso.

— E, então, Priscila, já ligou o computador novo? — perguntou Natália.

— Já está ligado, mas falta o Afonso ir à minha casa e configurar a conexão da internet.

— Bem que todos nós poderíamos nos reunir lá na sua casa, hoje à tarde, e inaugurar seu PC! — sugeriu Ferrugem, sorrindo.

— Pra mim não dá. Hoje à tarde vou sair com a minha mãe, pode ser amanhã? Que tal? — sugeriu Priscila.

— Por mim tudo bem, podemos aproveitar e fazer o trabalho de História em grupo. Que tal, galera? — perguntou Natália.

— Eu concordo, vamos fazer o trabalho e inaugurar meu computador novo! — aceitou Priscila.

— Então faremos isso! — concordou Fernando.

— Estão todos intimados, amanhã às quatro da tarde em minha casa!

Todos concordaram em se reunir para o trabalho de História e discutir o que fazer diante do desaparecimento de Cíntia e Alex.

Mas a reunião não iria acontecer.

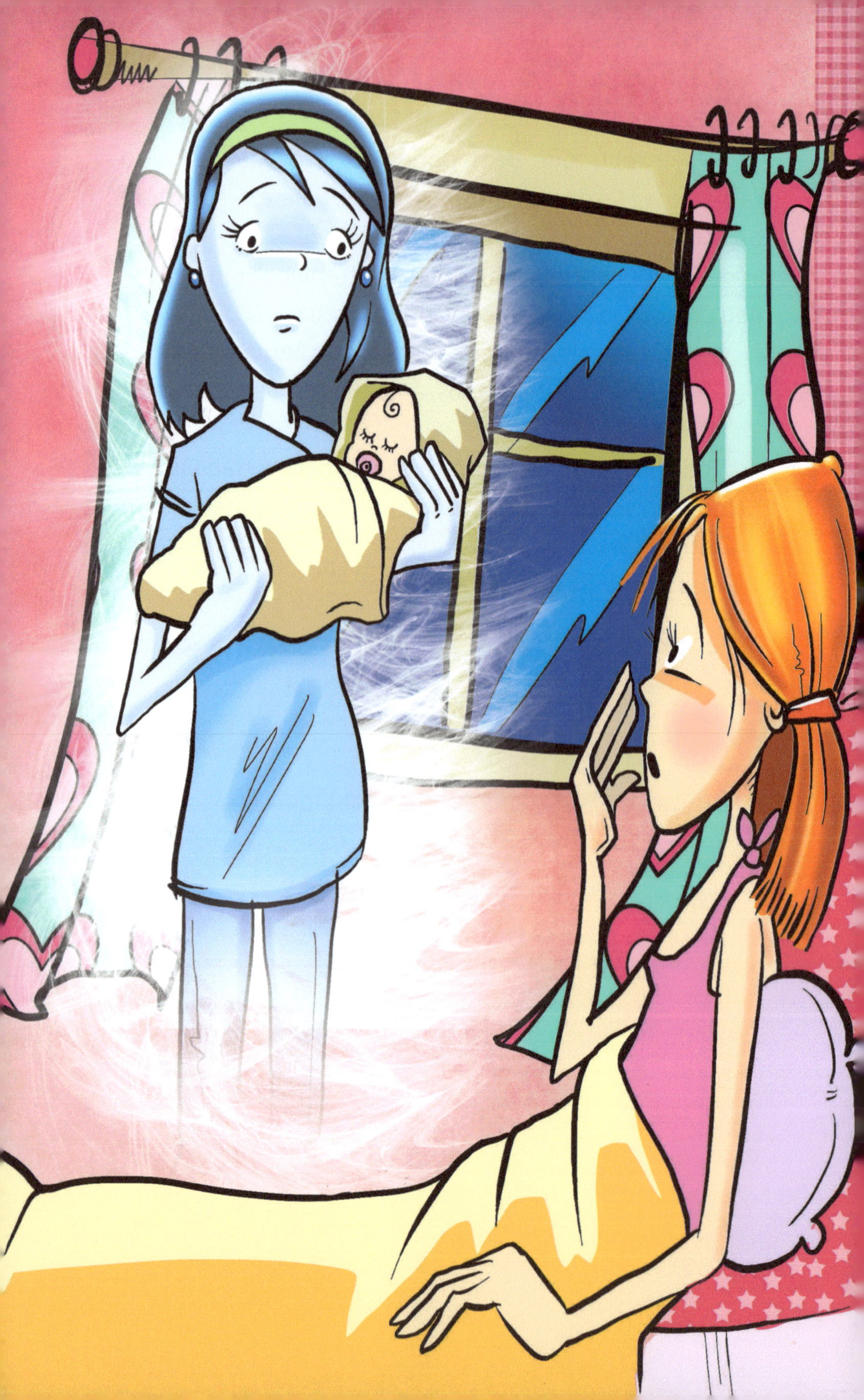

O SONHO DE PRISCILA

> O Sol aquece a Terra,
> Você, o meu coração,
> Seus braços o meu refúgio,
> Sua voz a minha canção.
>
> Pri

Embora o desaparecimento de Cíntia e Alex comovesse a todos, a polícia não teve êxito, muito menos a imprensa, que não conseguiu levantar pista alguma ou informação que pudesse levar ao paradeiro dos dois jovens. Priscila e seus amigos também desistiram de tentar investigar. Telefones eram disponibilizados para uma única informação. Os pais do jovem casal faziam apelos e ofereciam recompensas nas rádios locais. Nada.

Mas algo no comportamento de Priscila chamou a atenção de Natália e Afonso naquela manhã, na sala de aula.

Saindo da escola no final da aula...

Ela estava muito esquisita, falava pouco, e em dois momentos Natália a flagrou com os olhos cheios de lágrimas.

Afonso tentou conversar.

— Percebi que você não prestou atenção na aula de hoje; você está com problemas? É com sua mãe? Você disse que tinha compromisso com ela ontem à tarde!

— Não é nada com minha mãe — ela respondeu de olhos baixos.

Natália olhava para Afonso sem entender.

— Pri..., somos seus amigos, pode confiar! — insistiu Natália.

— Foi só um sonho..., nem sei se foi sonho ou pesadelo..., depois que despertei de madrugada, não consegui dormir mais.

— Um sonho? Se quiser se abrir com a gente, nós não revelaremos a ninguém — prometeu Natália.

— Fique tranquila, Priscila, eu e a Natália jamais trairíamos sua confiança. Mas só fale se o seu coração pedir — afirmou Afonso, ao mesmo tempo em que acariciava o rosto dela.

— Foi um sonho estranho, sonhei com a Cíntia...

— Cíntia??? — Natália e Afonso indagaram ao mesmo tempo.

— Isso mesmo, tive um sonho com a Cíntia. No sonho ela pedia minha ajuda com uma criança no colo...

— Você deve estar impressionada pelo fato de ela ter desaparecido e estar grávida — disse Afonso, tentando amenizar o impacto do sonho.

— Essa foi a única lembrança do sonho? — perguntou Natália curiosa.

— Foi tão real, me senti vivendo uma realidade; a criança chorava e queria vir para os meus braços. Ela estendia os bracinhos pra mim como se já me conhecesse.

— A Cíntia dizia mais alguma coisa?

— Não, Natália, ela não dizia nada com a boca, mas o olhar falava comigo. Sei que é estranho. É como um pedido de ajuda. Eu entendia o que ela me falava pelo olhar: *Por favor, cuide dessa criança.*

— Nossa! Fiquei toda arrepiada! — Natália passava as mãos nos braços.

— Acho que foi só um sonho! Fique tranquila, Priscila!

— Eu estou tranquila, Afonso, só fiquei assim devido à realidade do sonho. Foi tão real quanto a nossa conversa de agora. Por isso, a emoção ainda toma conta de mim. Parece que ainda vejo o rosto dela na minha frente..., pedindo para cuidar da criança. Ela não disse nada com os lábios, mas o olhar revelava o pedido.

— Priscila, talvez mais alguém na escola tenha sonhado com a Cíntia. Estamos todos nesse clima de preocupação — assegurou Afonso.

Natália se manteve calada.

— E então, vamos inaugurar seu computador novo hoje à tarde? — Afonso quis mudar de assunto.

— Acho melhor não; como não dormi bem à noite, talvez fosse melhor descansar à tarde. Pode ser? — argumentou Priscila.

— Claro, Pri, podemos fazer o trabalho de História na semana que vem, ainda temos tempo..., o prazo de entrega está longe.

Neste instante chegam Ferrugem, Peu e Fernando.

— E aí, pessoas, tudo certo pra hoje à tarde? — cumprimenta Ferrugem.

— Infelizmente não vai dar, a Pri está com algumas coisas pra resolver — justificou Natália.

— Não tem problema, Priscila, a gente se reúne outra hora.

— Obrigada, Fernando!

— *No problem*, Pri! — afirmou Ferrugem.

— Obrigada, Ferrugem!

— Então, vamos embora? — convidou Natália.

— Sim, é melhor... — Priscila aceitou a sugestão.

— Eu te levo pra casa! — disse Afonso, segurando a mão de Priscila.

Os amigos se despediram e o casal de namorados foi caminhando.

— Pri, conte comigo sempre! — disse Afonso, parando na rua e segurando o queixo dela delicadamente.

— Você também pode contar sempre comigo, Afonso. O meu primeiro amor é você, e quero que seja assim pra sempre.

— Meu coração é seu... você também é o meu primeiro amor e quero que seja o único.

Dizendo isso, eles aproximam os lábios e se beijam com muita ternura.

Abraçados, vencem os quarteirões que separam a escola da casa de Priscila.

No portão, um novo beijo com gosto de até breve.

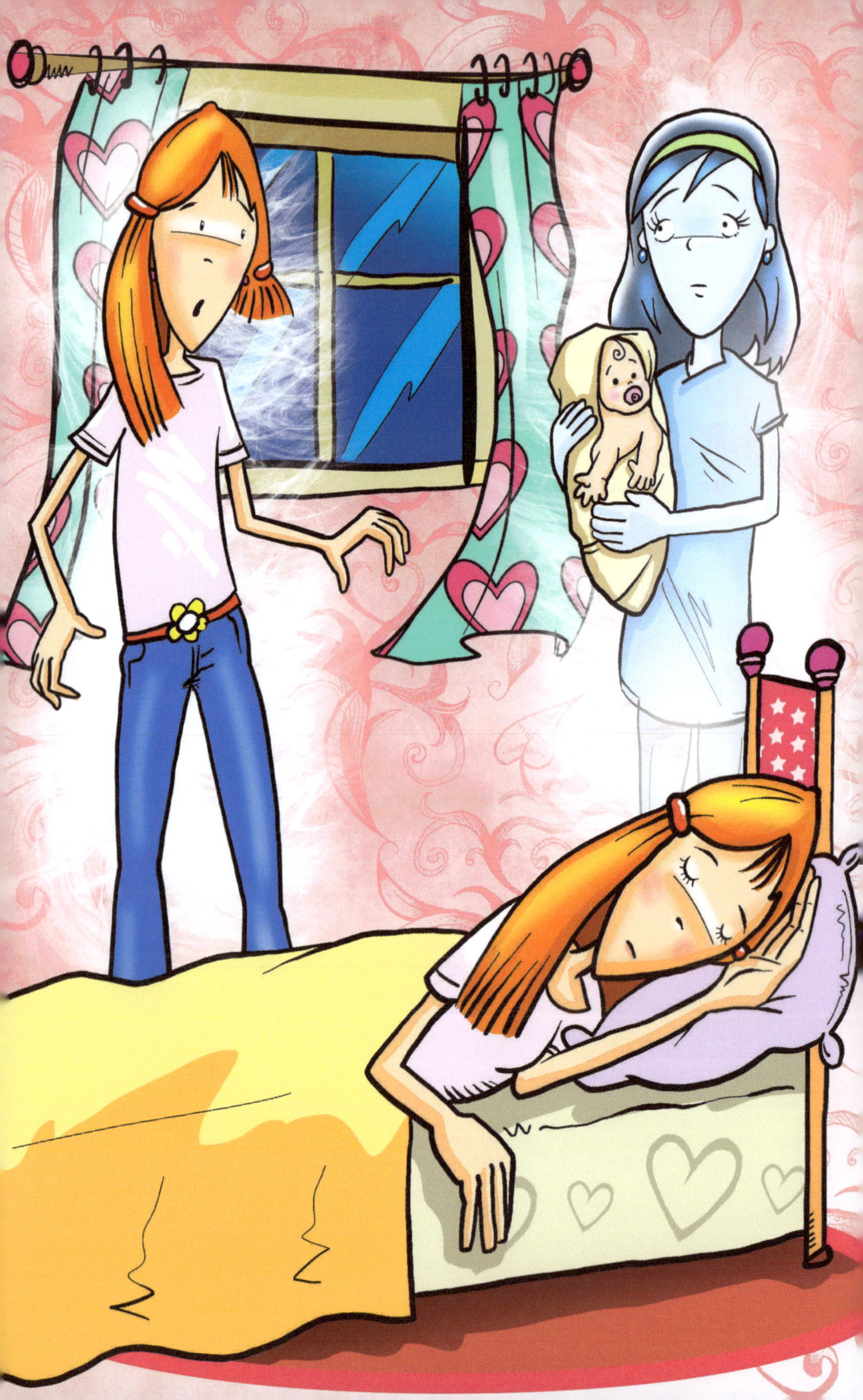

Mais um sonho

*A seu lado quero viver,
Com toda dedicação,
Amar, amar você,
De alma e coração.*

Pri

Priscila entra em casa e vai direto para o quarto.

A mãe, ocupada na cozinha, nem percebeu que a filha já estava em casa.

No quarto, ela se joga na cama e fecha os olhos, vencida pelo cansaço e o sono que sentia.

Em poucos minutos, ouve o choro de uma criança.

Estranha sensação, ela olha para a cama e vê o próprio corpo dormindo.

Não consegue compreender a situação, pois estava em pé ao lado da cama ao mesmo tempo em que se via deitada.

Foi interrompida em seus pensamentos quando o choro da criança se repetiu.

Sentiu-se atraída por uma força estranha, e de repente se depara com Cíntia, que segurava nos braços a criança chorando.

O olhar angustiado de Cíntia a inquietava; ela apenas segurava a criança com carinho, sem pronunciar uma única palavra.

Mas, como no sonho anterior, o olhar de Cíntia parecia dizer tudo: *Por favor, cuide da criança.*

Priscila hesitava em segurar a criança que Cíntia embalava.

Ela recuava ante o estranho convite, mas o que mais a impressionava era o fato de a própria criança estender os pequenos braços, como se pedisse ajuda.

Assustada, ela desperta e senta-se na cama; nesse exato momento sua mãe entra carregando nos braços uma manta dobrada, que mais lhe pareceu um bebê.

— Que criança é essa mãe?

— Tá sonhando, Priscila, que criança? — dizendo isso, a mãe abre o guarda-roupa e acomoda a manta dentro de uma gaveta.

— Desculpe, mãe, estou confusa...

Dona Lúcia senta-se na cama ao lado da filha, acariciando-lhe a cabeça, e diz:

— Está tudo bem com você, meu amor?

— Sim, está sim...

— Tem certeza?

— Claro, mãe...

— E aquele garoto que estava no portão com você?

— O Afonso?

— É Afonso o nome dele?

— É mãe, ele se chama Afonso.

— Está namorando?

— Estou, sim, mãe; eu sinto algo maravilhoso por ele. Um sentimento forte, tenho vontade de ficar ao lado dele, de abraçar, beijar...

— Somos amigas, confio muito em você, filha..., que eu me lembre você nunca namorou antes, ou já namorou e não quis me contar?

— Nunca escondi nada de você, mãe. O Afonso é o meu primeiro amor. E eu quero que seja pra sempre, assim como você é com o papai.

— Entendo, vou torcer para que dê certo e para que você seja feliz com o seu primeiro amor. — Lúcia dizia isso abraçando Priscila e beijando-lhe a cabeça. — Mas tive a impressão de tê-la assustado quando entrei no quarto. Aconteceu algo?

— Nada de mais, mãe, só um sonho que eu tive com a Cíntia.

— Nossa! Filha, eu fico pensando em como não devem estar os pais dela diante desse sumiço. Até agora nenhuma pista. Ainda há pouco ouvi as notícias no rádio de que a polícia não conseguiu apurar nada. O que pode ter acontecido com esses dois?

— Não sei, mãe, fiquei sem graça em ganhar o Concurso de Poesia sem a Cíntia. Pelas poesias escritas no jornalzinho do Grêmio Estudantil, ela realmente escreve muito bem. Não sei se ganharia o concurso com a presença dela. Mesmo ela me provocando antes do concurso, fico triste com essa situação.

— É natural, filha; se Deus quiser, logo vamos saber o que aconteceu com ela, e esse susto vai passar.

— Tomara, mãe... isso tem que acabar.

— Vai acabar, filha, vai passar...

O celular de Priscila toca e Lúcia atende a pedido da filha:

— Alô!

— A Priscila está? — indaga a voz do outro lado da linha.

— Está sim, quem deseja falar com ela?

— É o Afonso...

— Espere um momento que eu vou passar pra ela. — Lúcia entrega o aparelho para a filha e sai do quarto, fechando a porta.

— Alô... Afonso...

— Oi, Pri... dormiu um pouco?

— Sim, dormi, mas aconteceu de novo...

— O que aconteceu de novo?

— Sonhei com a Cíntia outra vez...

— Sério?

— É como estou falando, sonhei com ela outra vez e do mesmo jeito.

— Que estranho! Tinha criança nesse sonho?

— O sonho parecia uma cópia do outro, tinha a mesma criança, e a Cíntia me olhando da mesma maneira, sem dizer nada.

— Já contou para a Natália?

— Ainda não deu tempo...

— Priscila, preciso ver você... e tem que ser hoje...

— Mas nos vimos há pouco...

— Posso passar em sua casa hoje à noite?

— Pode, claro!

— Vou mostrar pra você o carro novo que meu pai comprou... é lindo!

— Seu pai vem com você?

— Claro que não!

— Então quem vai dirigir?

— Claro que sou eu.

— Mas, Afonso, menor não tem carteira de habilitação!

— Não esquenta com isso, não vai acontecer nada com a gente.

— Mas eu não posso demorar, se meus pais descobrirem vão brigar comigo...

— Fique tranquila, Pri, só vamos dar uma voltinha...

— Você pode vir, mas não vamos sair de carro...

— Tudo bem, é só pra você ver a máquina do velho. Até mais. Beijo, princesa.

— Beijo...

— Até mais princesa...

— Afonso...

— Oi, princesa... fala...

— Eu te amo...

— Eu também te amo, princesa, mais tarde você vai provar que me ama, dando uma voltinha comigo no carro do velho, tchau! — ele desliga o telefone, animado com os próprios planos.

Priscila desliga apreensiva, não queria aborrecer os pais, mas não queria chatear o namorado.

Ela é interrompida em seus pensamentos pelo toque de mensagem na caixa de entrada do seu celular.

Verifica o remetente, é Natália.

Natália: "Tudo bem, Pri?"

Priscila: "Sonhei de novo com a Cíntia".

E, por algum tempo, fica trocando mensagens com Natália a respeito do sonho.

Eu te amo

Amo-te eu

Te amo eu

Meu amor é seu.

Pri

Pri
Afonso

MEU PRIMEIRO AMOR

*Se por acaso eu errar,
Perdoe-me, por favor,
A você só quero amar,
Não quero rimar amor com a dor.*

Pri

A noite veio e Priscila ficou esperando pelo torpedo de Afonso.

Dez horas da noite..., onze horas..., meia-noite..., meia-noite e meia chega a mensagem:

Afonso: "Pri, estou com o carro do velho aqui ao lado da sua casa".

Priscila: "Você chegou muito tarde".

Afonso: "Vem logo princesa".

Priscila: "Estou com medo, meus pais podem acordar".

Afonso: "Prometo que não me demoro".

Priscila: "Seu pai emprestou o carro?"

Afonso: "É claro, vem logo".

Priscila: "Espere um pouco" — hesitante, ela abre a porta do quarto e caminha pela casa em penumbra na direção da porta da sala.

Ao passar pela porta do quarto dos pais, encosta o ouvido para saber se eles dormem. Silêncio total.

Pé ante pé, ela alcança o portão e ganha a rua.

O farol pisca duas vezes e ela vê Afonso no carro.

Caminha alguns metros, abre a porta e entra.

Imediatamente ele liga o carro e sai.

— Por favor, Afonso, não saia daqui...

— Fique tranquila, Pri, vamos para um lugar mais calmo.

Ela não consegue entender, mas por instantes teve a impressão de que aquele Afonso a seu lado não era o mesmo garoto doce e encantador da escola. O seu primeiro amor.

Fascinado pelo carro, fica falando sem parar sobre todos os recursos tecnológicos que o carro tem.

No console central do carro tinha uma lata de bebida alcoólica aberta.

Afonso oferece a bebida para Priscila, ela hesita, mas, de tanto ele insistir, acaba aceitando.

Neste mesmo instante, ele aumenta o volume do som e acelera o carro.

Priscila fica apreensiva:

— Afonso, me leva de volta pra casa...

— Calma, princesa, ainda vamos nos divertir...

— Por favor, Afonso, meus pais podem descobrir que nós saímos a essa hora e...

Priscila toma mais um gole da bebida e sente algo estranho.

Tenta falar, mas sente sua língua dormente.

Balbucia algumas palavras e percebe sua voz pastosa.

Afonso estaciona o carro em local ermo.

Ela tem dificuldades em concatenar os pensamentos.

Afonso a abraça, beijando-a com sofreguidão.

As forças faltam para Priscila.

Os pensamentos confusos..., o vulto de Afonso diante dos seus olhos..., não entende o que está acontecendo.

Ele é o seu primeiro amor, ela queria que ele fosse o seu único amor para toda a vida.

Era para ele que ela escreveria todos os dias, todos os poemas, mas ele estava destruindo sem consentimento todos os seus sonhos...

Três horas da manhã, o carro deixa Priscila em frente à sua casa.

Ela ainda se sente tonta, caminha, largada de si mesma.

Sentia que tinham lhe tirado alguma coisa, algo cultivado, guardado junto com os mais lindos sonhos, as mais lindas histórias de amor... de ternura.

Ela não se sentia mais a mesma, não era mais a mesma... tinham lhe tomado algo, tinham levado os sonhos de um primeiro amor.

Entra em casa e senta-se na cama, ali permanece confusa, perdida.

Aos poucos a sensação de confusão mental vai passando. Ela lamenta num sussurro:

— Preferia continuar confusa a ter a certeza de que foi tudo verdade.

Pensa nos pais. Precisava tomar um banho antes que o pai levantasse para trabalhar.

Banhou-se e depois de algum tempo adormeceu, entre lágrimas.

O corpo na cama, e ela novamente ali em pé a observá-lo.

O choro da criança novamente.

Sente-se atraída mais uma vez e se depara com Cíntia.

Desta vez ela fala no sonho:

— Priscila, tome conta dessa criança!

— Mas...

— Fique tranquila! Ela já está se ligando a você! Tome conta dessa criança.

E, num gesto inesperado, Cíntia se aproxima dela e deposita o bebê em seus braços.

Priscila sente profunda emoção e olha para a criança que, naquele momento, parou de chorar.

Nos braços de Priscila a criança se acalma e já não chora mais.

Priscila acorda assustada com o barulho na cozinha.

Ela olha o relógio: seis horas da manhã.

A mãe prepara o café e logo virá chamá-la para ir à escola.

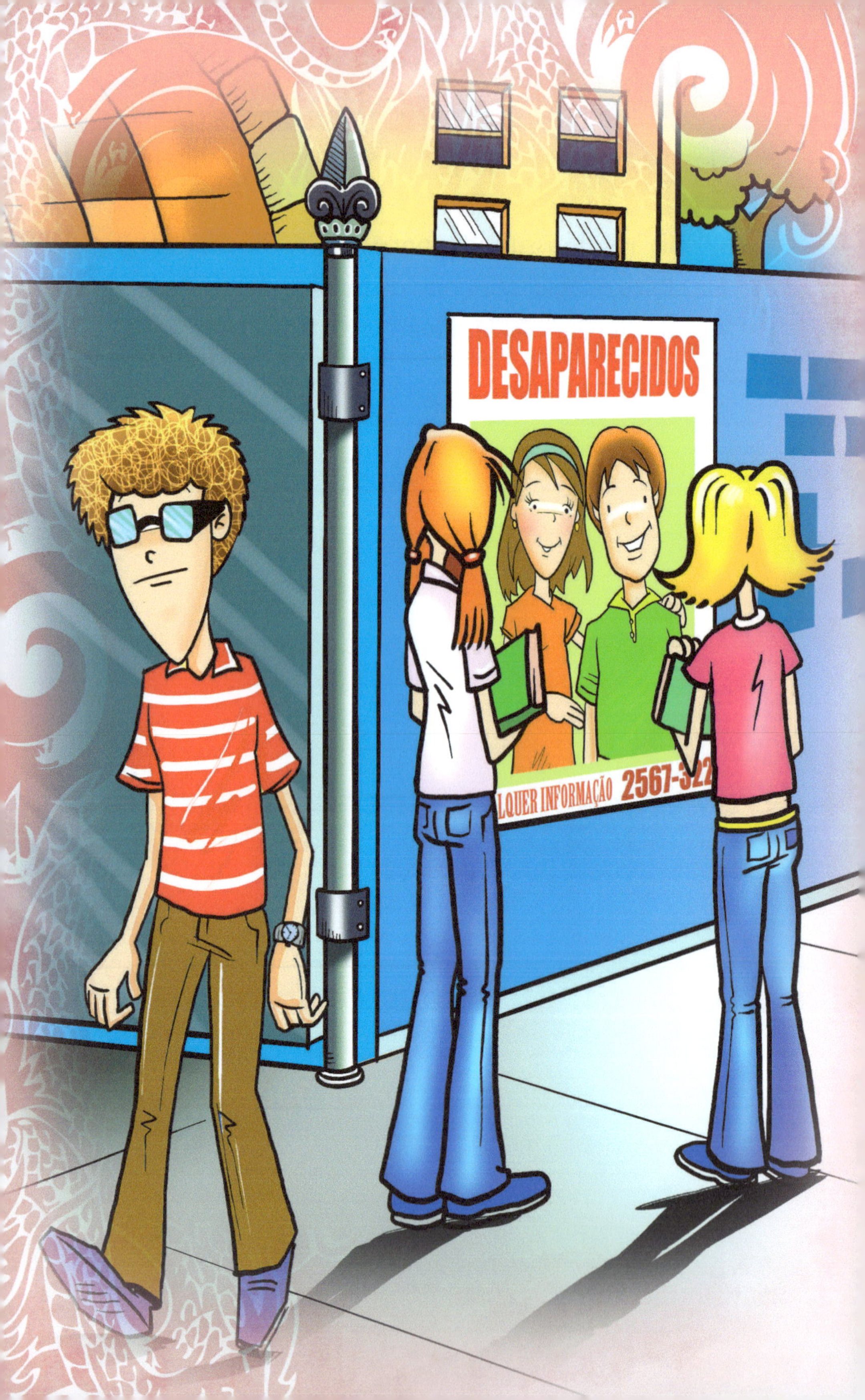
DESAPARECIDOS
LQUER INFORMAÇÃO 2567-322

A DURA REALIDADE

*No meio do caminho tinha um garoto,
Tinha um garoto no meio do caminho,
Meu coração se apaixonou,
Nunca mais te deixou sozinho.*

Pri

Natália esperava Priscila na porta da escola. Quando vê que a amiga se aproxima, vai ao seu encontro:

— Pri, enviei quatro torpedos para você! Aconteceu algu-ma coisa para você não me responder?

O silêncio foi a resposta. Natália insistiu, enquanto ca-mi-nhavam em direção à porta principal da escola:

— Pri, você está bem?

— Estou, Natália... estou sim...

— Não me parece que você esteja bem.

— Impressão sua, estou bem... só um pouco assustada com esses sonhos repetidos.

— Sonhou de novo esta noite?

— Sonhei..., mas dessa vez a Cíntia falou comigo.

— Nossa!!! Falou mesmo?

— Falou, Natália...

— E o que foi que ela disse?

Elas se detiveram por alguns instantes diante do cartaz que estava afixado na porta de entrada da escola. No cartaz, as fotos de Cíntia e Alex com telefones para informações sobre o paradeiro. Havia também a divulgação de uma recompensa para quem desse pistas certas para encontrar o casal.

As duas amigas leram o cartaz e nada comentaram, pois quem terminara de afixar o cartaz era a própria mãe de Cíntia, que, abatida, recebia abraços solidários dos alunos do terceiro ano "B".

Elas voltaram a caminhar, na direção da classe, nos corredores largos da escola.

Natália voltou a indagar:

— E então, Priscila... o que foi que a Cíntia falou no sonho?

— Dessa vez ela me entregou a criança e, como nos outros sonhos, pediu que eu tomasse conta dela.

— Continue que eu tenho algo pra te falar...

— Nesse último sonho, o que me chamou a atenção foi o bebê ter parado de chorar assim que ficou no meu colo. Percebi também que a Cíntia me pareceu aliviada quando entregou a criança pra mim. Mas me fale, o que você tem a me dizer?

— Depois que você me falou que tinha sonhado novamente com a Cíntia, eu liguei pra minha tia Cecília, ela é espírita.

— Nossa! Espírita?!

— Sim, já conversei com ela sobre sonhos.

— Sei... e daí?

— E daí? Minha tia me disse que, se os sonhos persis--tirem, fica mais do que claro que a Cíntia está se comuni--cando com você.

— Que loucura isso!

— Pode ser loucura, mas é uma loucura lógica, você não acha?

— É verdade..., e por que comigo?

— Foi justamente o que eu perguntei pra minha tia! E por que com ela?

— Agora você vai se surpreender ainda mais...

— Fala, Natália...

— Minha tia disse que pode ser afinidade...

— Duvido, ela me provocava antes do Concurso de Poesia...

— Deixa eu falar..., pode ser que você seja uma pessoa com sensibilidade, capaz de captar o que os Espíritos dizem — Priscila interrompe.

— Fala sério!!!

— Calma, garota, posso continuar? Só estou repetindo o que minha tia disse...

— Desculpe... continue!

— Pode ser também que a Cíntia esteja querendo te dar um conselho ou passar uma mensagem.

— Natália, eu agradeço a sua tia, mas eu e a Cíntia somos rivais, esqueceu?

— Foi isso que eu disse à minha tia. Elas são rivais, como isso pode acontecer?

— E o que ela disse?

— Disse que isso não significa nada, que pode existir mais afinidades do que os olhos veem. Afinidades que vêm de outras vidas.

— Fala sério!

Elas entram na sala de aula e sentam-se, aguardando o início da aula.

Priscila olha para os lados, procurando por Afonso.

No momento em que ela olha para a porta, ele entra. O coração dela parece que vai saltar pela boca.

Ele passa por elas e nem olha para Priscila.

Ela fica gelada e sem graça. Inconformada, vai até ele. Natália observa, estranhando a cena.

— Olá, Afonso!

— Oi, Priscila! — ele responde sem tirar os olhos do caderno que folheava.

— Aconteceu alguma coisa? — ela indaga, mal disfarçando o nervosismo.

— Aconteceu, sim... — ele responde com certa ironia.

— Pode me dizer o quê? — Priscila pergunta desconcertada.

— Esqueci minha caneta... — ele ri, juntando o material e saindo da sala de aula.

Na porta, cruza com Ferrugem, Fernando e Peu, eles o cumprimentam, mas Afonso passa direto sem dizer nada.

— O que houve, Pri? — Natália coloca a mão no ombro da amiga carinhosamente.

Priscila não consegue se controlar e chora, apanha o material escolar e sai da classe.

Ferrugem, que vê a cena, comenta com os amigos:

— Pessoas, têm uma nuvem negra em cima dessa classe hoje!

Natália não vê alternativa a não ser ir atrás da amiga. Ela corre e quase passa direto por ela, pois Priscila estava na secretaria.

Assim que observa a amiga, entra na secretaria e fica ao lado dela ouvindo.

Priscila pergunta para a secretária:

— A senhora está me dizendo que esse aluno que saiu daqui pediu o cancelamento da matrícula?

— Isso mesmo!

— E por quê? – insistiu Priscila.

— Garota, eu não tenho que lhe dar satisfações do meu trabalho, mas para você ir embora e me deixar em paz eu respondo; ele veio pedir para trancar a matrícula porque está indo embora do Brasil. Mais tarde o pai dele vem assinar o documento.

Priscila sentiu-se desfalecer.

Natália, que estava ao lado, amparou a amiga. Até mesmo a secretária, indiferente até então, correu a buscar um copo com água para a garota.

Assim que se recompôs, Priscila voltou para casa acompanhada de Natália.

No caminho, entre muitas lágrimas, contou o que lem--brava ter vivido na noite anterior.

Natália ouvia tudo enlouquecida.

"Como é que pode existir um garoto tão mau-caráter. Ele premeditou tudo."

Foi interrompida em seus pensamentos pela pergunta da amiga:

— E agora, Natália? O que vou fazer? Eu acreditei que ele era o meu primeiro amor!

— Calma, Pri! Tudo vai ficar bem.

— Tem certeza?

— Claro que sim! Você é muito inteligente e é uma pessoa especial. Vai esquecer esse garoto e seguir em frente!

— Meu primeiro amor foi um desastre!

Eu te amo

Amo-te eu

Te amo eu

Meu amor é seu.

Pri

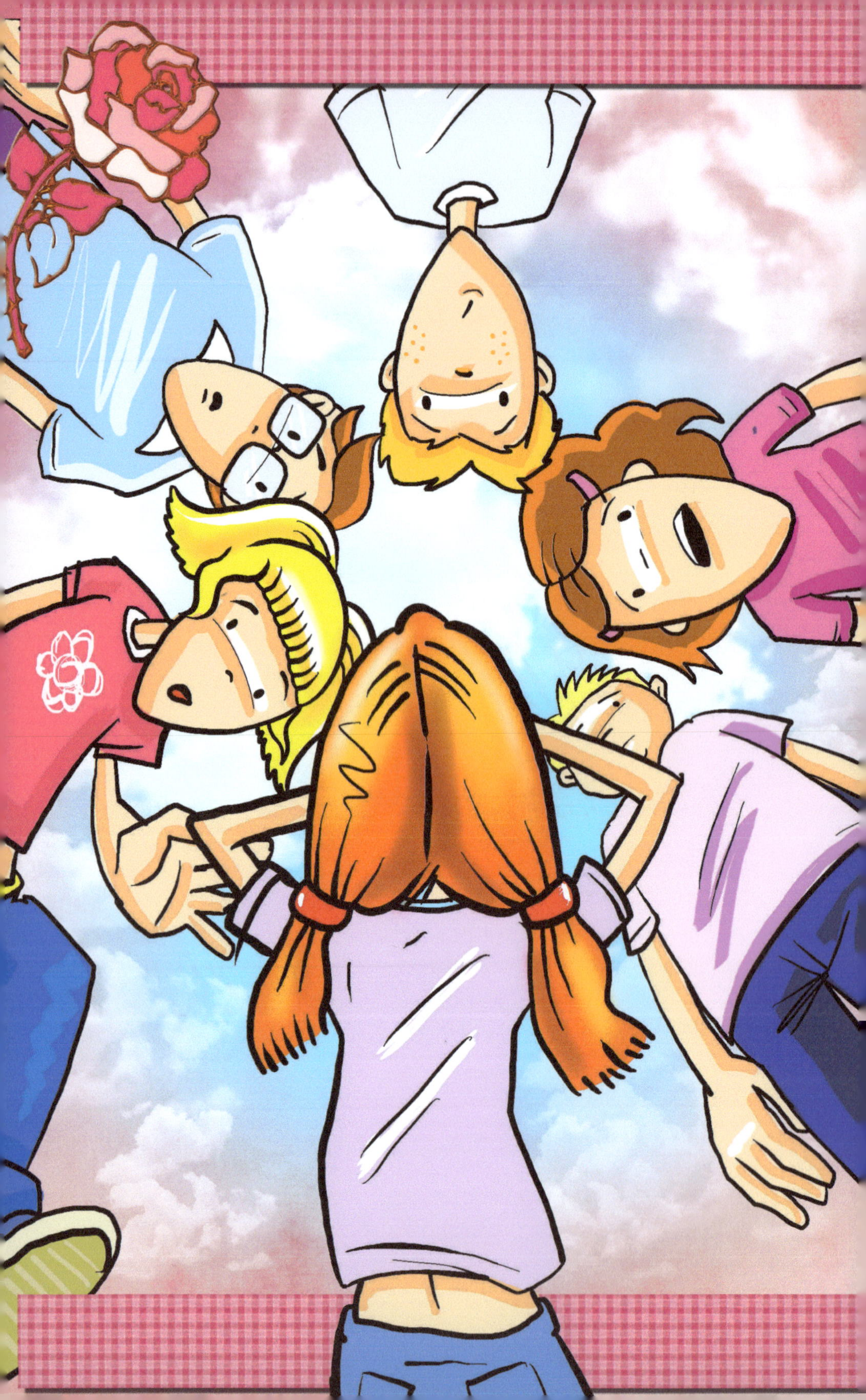

Ajuda Espiritual

*Sorvete com cobertura,
Hambúrguer com batata frita,
Goiabada com queijo,
Eu e você.*

Pri

Três meses se passaram e nenhuma notícia de Cíntia e Alex.

Várias passeatas foram feitas; grupos de apoio à família iniciaram movimentos apelativos às autoridades, e nada.

Até aquele momento, eles aumentavam, infelizmente, as estatísticas de jovens desaparecidos sem solução.

Afonso sumira sem deixar rastro.

Priscila ainda tentou falar com ele algumas vezes, mas nada conseguira.

Os sonhos com Cíntia não aconteceram mais.

*****

Em uma manhã de provas de final de bimestre...

— Como eu estava te falando, Priscila... — neste instante, Natália percebe que a amiga está ficando pálida e transpirando frio até desmaiar.

Ferrugem e os demais colegas chegam para socorrê-la.

Levada à secretaria, depois de recomposta, Priscila é aconselhada a procurar um médico o mais rápido possível.

Natália vai com a amiga para casa, as duas caminham sem trocar uma única palavra.

Até que:

— Pri, você está pensando a mesma coisa que eu estou pensando?

— Estou, Natália, estou pensando exatamente a mesma coisa...

— Já pensou no que fazer?

— Estou pensando... preciso da sua ajuda...

— E o que posso fazer pra te ajudar?

— Ir comigo até a clínica.

— Pra quê? Você vai abortar?

— Você vê outra saída?

— Converse com seus pais, quem sabe...

Priscila não consegue conter as lágrimas que rolavam copiosas. Entre soluços, falou:

— Eu já desconfiava da gravidez desde o primeiro mês quando a menstruação atrasou. Comecei a ficar nervosa, não dormi mais. Acordo todas as noites assustada. Quando sento à mesa com meus pais, fico muda, não sei o que dizer nem o que fazer.

— Priscila, sabe aquela minha tia?

— Sei, a espírita?

— Pois é...

— O que foi que ela disse dessa vez?

— Ela me disse que o aborto causa problemas muito graves para a mãe e o filho.

— Que tipo de problema?

— Ela me disse que o Espírito é ligado ao corpo no momento da fecundação. Praticar o aborto é tirar desse Espírito a oportunidade da reencarnação, entendeu?

— Natália, eu sei que você quer me ajudar, mas estou muito confusa, por favor, me acompanhe à clínica.

— E como é que você vai pagar uma coisa dessas? Cadê o dinheiro?

— Vou pagar com as correntes e anéis de ouro da minha avó.

— Não são joias de família?

— Sim, mas a senhora da clínica vai penhorar e pegar o dinheiro, depois eu faço o resgate das joias.

— Mas você é menor, como pretende fazer isso no Banco?

— Natália, não complica mais as coisas, o importante é que eu posso resolver esse problema já.

— Tem certeza de que quer fazer isso?

— Tenho e quero fazer antes que minha mãe perceba.

— E o safado do Afonso?

— Quando eu fiz o teste de gravidez em casa e descobri tudo, fui procurar uma tia dele que reside aqui perto. Disse a ela o que tinha acontecido. Sabe o que ela me respondeu?

— O que foi?

— Ela me mandou procurar trabalho, porque o sobrinho dela não tinha me agarrado à força.

— Nossa! Quem ela pensa que é?

— Você me acompanha?

— Só mais uma pergunta...

— Pode fazer, Natália...

— Tem certeza de que não quer falar pra sua mãe?

— Não quero dar esse desgosto pra ela.

— Como você descobriu essa clínica?

— Pela internet, claro. É uma clínica discreta aqui em nossa cidade. Ninguém nunca desconfiou que naquele bairro de classe alta existe uma clínica que faça isso.

— Mas... eles atendem menores?

— Natália, você está sendo inocente. Eles atendem pelo dinheiro e não pela idade. É só pagar que eles atendem.

— Eu não concordo que você faça isso, mas não posso te abandonar neste momento. Está bem, acompanho você.

— Então, vou ligar e agendar a operação para amanhã à tarde. Vou dizer à minha mãe que vou dormir na sua casa. Assim, eu descanso e me recupero; no dia seguinte volto pra minha casa. Vamos para a escola amanhã cedo como se nada tivesse acontecido. Depois de amanhã não tem aula, isso veio a calhar.

— Tá certo, Pri!

As duas se abraçam e Natália insiste:

— Mas você tem certeza...?
— Tenho!
— Podíamos falar com a minha tia!
— Não!

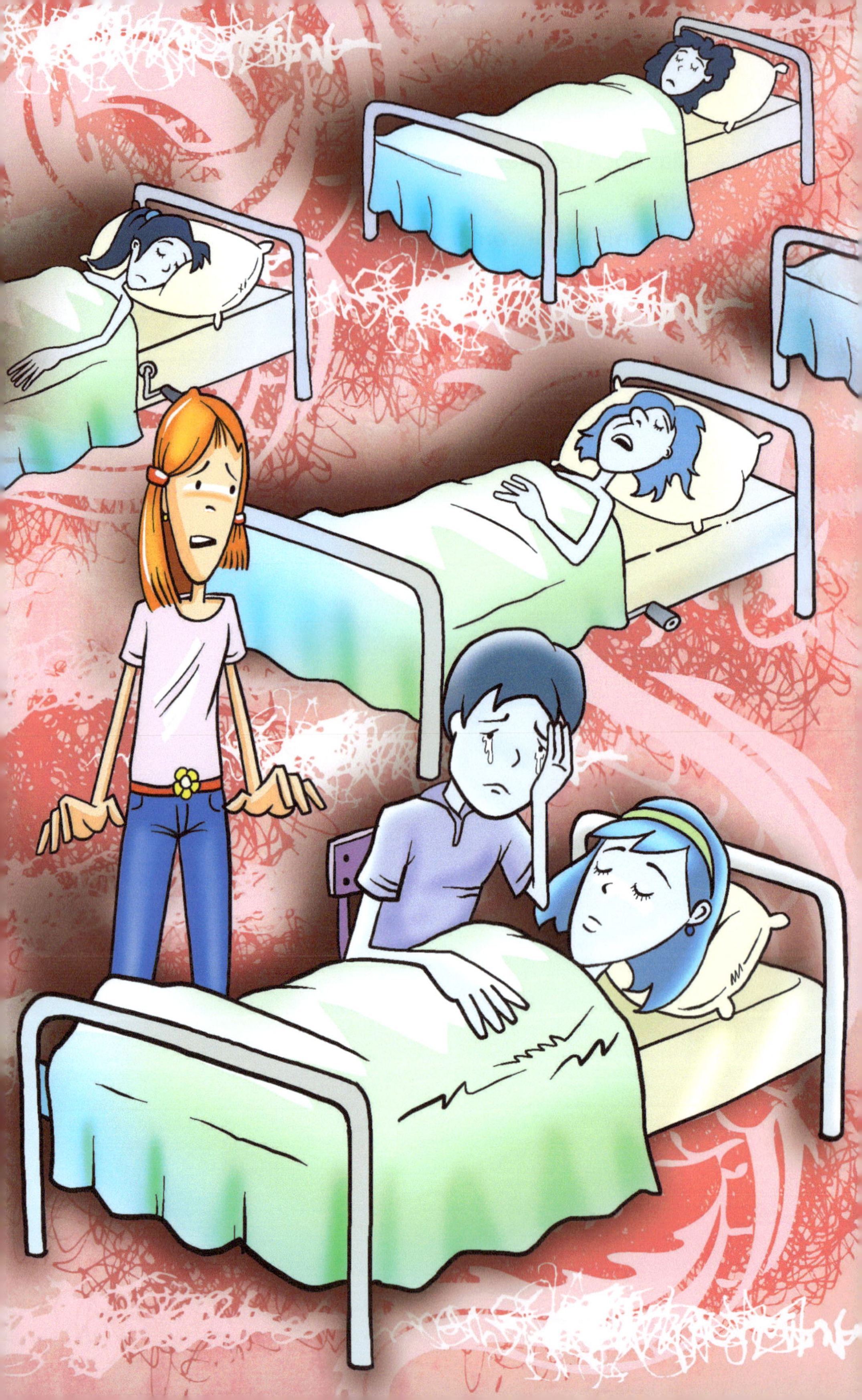

NOVO SONHO

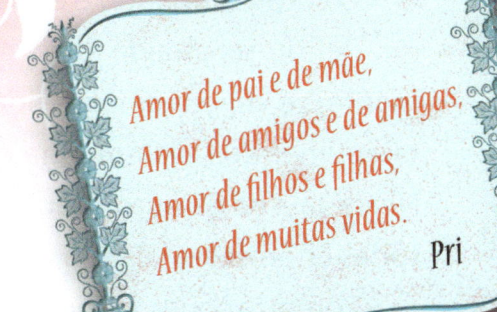

Amor de pai e de mãe,
Amor de amigos e de amigas,
Amor de filhos e filhas,
Amor de muitas vidas.

Pri

Naquela noite Priscila deitou para dormir aliviada, pois acreditava ter encontrado forças para resolver a situação.

Ela pensava muito no pai e na mãe, não queria aborrecê-los de maneira nenhuma. Tinha medo da reação deles se descobrissem a gravidez.

Eles se esforçavam muito para mantê-la naquela escola, a mais conceituada da cidade.

Não conseguia imaginar perder o ano letivo por causa da gravidez, mas, ao pensar no bebê, seu coração se apertava. Chegara mesmo a pensar em suicídio, mas desistira.

Ela apagou a luz para dormir e, após muitas noites maldormidas nos últimos três meses, foi vencida pelo cansaço e adormeceu rapidamente.

Há algum tempo não sentia aquelas sensações, logo viu-se em pé ao lado da cama.

O corpo dormindo e ela consciente ao lado dele.

Sentiu-se atraída pelo choro de mulher e, rapidamente, se viu em uma grande sala. Aproximou-se e viu a tal mulher deitada em uma cama, as mãos sob o ventre. Nesta sala havia outras mulheres nas mesmas condições, todas chorosas e falando coisas sem sentido.

Porém, apenas o choro de uma delas chamava-lhe a atenção, era Cíntia.

Ela chorava desesperadamente, soluçava e dizia palavras desconexas.

Não notava a presença de Priscila, que se aproximou da cama e a chamou pelo nome:

— Cíntia..., Cíntia... — ela estava alheia à sua presença e aos seus chamados.

Para surpresa de Priscila, Alex também apareceu, postando-se ao lado de Cíntia. Ele também chorava.

— Alex..., Alex... — ele também não ouvia Priscila.

Priscila entristeceu-se ao observar que os dois jovens não a enxergavam nem ouviam os seus chamados.

Sem entender por que, Priscila sentiu vontade de seguir pelo grande aposento até uma porta próxima.

Aproximou-se da porta e não hesitou em empurrá-la; assim o fez, surgiu, ante os seus olhos, outra grande sala.

Naquela sala havia vários leitos como a anterior, porém, com a diferença de que os acamados eram crianças.

Meninos, meninas, alguns gêmeos... eram tantas as crianças que ela chorou sentidamente.

Sua noite de sono transcorreu entre sobressaltos e inquietações.

Pela manhã, a mãe veio chamá-la para ir à aula.

Ela despertou com vaga lembrança do que vivera durante a noite, mas a resolução para o aborto invadiu-lhe o cérebro e ela não tinha dúvida do que deveria fazer.

Estava decidida, abortaria.

A rotina se seguiu...

Café com os pais, torpedo de bom-dia da Natália.

O que seria dela naqueles meses sem a amizade da Natália?

Ao chegar à escola, a amiga já a aguardava:

— Oi, Pri!

— Oi, Natália!

— Dormiu bem?

— Sonhei com a Cíntia, mas não lembro muito bem o que sonhei!

— Tinha criança no sonho?

— Acho que sim, não consigo lembrar direito. Tenho a vaga lembrança de ter sonhado também com o Alex, mas não me pergunte o que aconteceu.

— Pri, tem certeza de que...

— Tenho certeza, sim!

Naquela manhã as duas primeiras aulas eram de Biologia e o professor dava a matéria:

— Os gametas (chamados ainda de células sexuais) são as células dos seres vivos que, na reprodução sexual, se fundem no momento da fecundação ou fertilização (também chamada concepção, principalmente nos seres humanos) para formar o ovo ou zigoto, que dará origem ao embrião, cujo desenvolvimento produzirá um novo ser da mesma espécie.

Priscila sentia-se torturada com aquela aula. Justamente naquele dia o professor Gilberto tinha que falar sobre reprodução humana?

Natália, que observava a amiga, perguntou mais uma vez, na hora do intervalo:

— Tem certe... — foi interrompida.

— Tenho certeza, sim!

Após a aula, as duas amigas foram à casa de Priscila pegar algumas peças de roupa.

Almoçaram e, no meio da tarde, dirigiram-se à clínica.

— Nossa, Pri, ninguém imagina que nesse bairro chique exista uma clínica que faça esse tipo de atendimento!

— É verdade, muitas mulheres da alta sociedade vêm aqui resolver esses problemas!

— Você está pronta?

— Sim, Natália, estou decidida!

— Eu vou fazer uma prece pra você!

— Não tenho o hábito de fazer preces, mas agradeço a sua oração. Vou orar também.

Elas chegam à porta e tocam o interfone.

Uma câmera de televisão identifica as duas para o serviço de segurança.

Um grande portão se abre automaticamente.

Elas entram e caminham por entre um jardim até uma porta de vidro.

Ultrapassam a porta de vidro escurecido e identificam-se para a atendente:

— Meu nome é Priscila e tenho hora marcada com a Dra. Eugênia.

A atendente folheia uma agenda e diz:

— Pode me acompanhar, você vai ser preparada para o tratamento.

As duas amigas estavam de mãos dadas e Natália apertou a mão da amiga como um último pedido para que ela desistisse do aborto.

Priscila, sentindo a amiga fraquejar, puxou-a pela mão para que a acompanhasse.

— Ela pode me acompanhar? — Priscila indagou da atendente.

— Ela não pode ficar no centro cirúrgico, mas pode aguardar na antessala.

— Eu fico na antessala, Pri — concordou Natália.

Rapidamente chegaram à porta do centro cirúrgico. A atendente perguntou:

— Você vai efetuar o pagamento agora?

— Ah, sim... tinha esquecido.

— Tirou da bolsa um pequeno pacote, as joias da avó, e entregou-o à atendente.

— Você vai me acompanhar até a outra sala ao lado para se preparar e colocar a roupa adequada. Sua amiga pode esperar aqui.

Natália, com os olhos marejados de lágrimas, emocionada e preocupada, abraçou a amiga.

Priscila estava nervosa, e o abraço da amiga acendeu-lhe a dúvida.

Mas não iria desistir agora. Separaram-se.

Natália sentou-se em pequeno sofá e começou a contar o tempo.

Ao chegar à sala indicada, a atendente pediu a Priscila que tirasse a roupa e colocasse uma peça adequada para esse tipo de cirurgia. Uma touca também foi providenciada.

Então, ela foi conduzida à sala de cirurgia. Em uma pequena sala contígua, a médica aguardava com outro médico e uma enfermeira.

O ambiente era esquisito, sentia-se o ar pesado, atmos- fera carregada.

Priscila sentiu arrepios desagradáveis ao penetrar aquele ambiente.

A atendente entregou uma ficha com os dados da jovem, tempo de gravidez, idade e outras informações.

A enfermeira aproximou-se e disse:

— Deite-se ali, querida, logo iremos livrar você desse "problema".

Priscila deitou-se e sua mente acelerou em muitos pensamentos.

De repente, os sonhos repetidos voltaram à sua mente.

Ela foi interrompida momentaneamente em seus pensamentos quando a enfermeira avisou:

— Aguarde uns minutos, nós vamos tomar um cafezinho e já voltamos.

Ela ouviu a porta sendo fechada e respirou profundamente.

Lembrou-se de Natália e de suas palavras:

"Eu vou fazer uma prece pra você".

Cerrou os olhos, nesse instante sentiu que uma força irresistível envolvia todo seu ser.

Em sua mente, o rosto de várias mulheres e crianças apareciam sucessivamente, como num álbum de fotografias.

Sem entender, passou a ver as cenas de vários abortos praticados naquela sala de cirurgia.

Não sabia explicar como acontecia, mas as cenas eram reais e se processavam em sua mente.

Mulheres chorando após a prática abortiva.

Via bebês serem retirados ainda com vida do ventre materno.

Mas um rosto em especial chamou sua atenção em meio a tantas mulheres: era Cíntia!

— Cíntia? — disse mentalmente.

— Sim, Priscila, sou eu, vá embora imediatamente, não faça isso. Cuide daquele bebê que te entreguei e que agora está em seu ventre. Tome coragem e enfrente a situação que você mesma criou. Eu não tive coragem de assumir o meu filho e morri fisicamente aqui nessa sala. Eu estava grávida e preocupada com o que ia ser da minha vida. O Alex ameaçava me deixar se eu não abortasse; pra ele não foi difícil arranjar o dinheiro. Foi justamente na noite que antecedia a final do concurso que surgiu a oportunidade de resolver o que eu achava ser um "problema". Aí, onde você está deitada, eu sofri uma hemorragia e deixei o mundo material — ela interrompeu a narrativa entre lágrimas. — Pensei que ia me livrar de um "problema" e arranjei outro maior. Ainda estou confusa, não entendo muito bem o que se passa comigo, mas a vida não cessa, por isso estou aqui chorando a minha atitude e sendo corroída pelo remorso. Eu posso aliviar um pouco a minha dor quando tiver certeza de que você não repetiu o meu erro.

Surpreendida com o que ouvia dentro da sua cabeça, Priscila tomou coragem e indagou:

— E o Alex? O que aconteceu com ele?

Em estado de sentida emoção, Cíntia prosseguiu:

— No momento em que minha morte foi constatada pelos donos desse matadouro infantil, rapidamente sumiram com Alex para que ele não denunciasse as práticas aqui cometidas.

— Ele também morreu?

— Sim, Priscila, ele também morreu, como meu cúmplice neste ato irresponsável. Não sei por qual mecanismo eu consigo falar com você, mas isso não importa agora. Por favor, vá embora daqui!

Priscila abriu os olhos e recobrou-se da sensação de torpor que lhe invadiu o cérebro.

Despertou rapidamente quando as vozes da médica e dos seus assistentes ecoaram pela sala.

— Vamos resolver esse "problema"? — inquiriu a enfer-meira, colocando as luvas.

— Antes disso, posso pedir um favor? — perguntou Priscila.

— Claro, querida, o que você quer?

— Preciso ir ao banheiro! Posso?

— Vá, mas não demore, menina, temos outras pessoas para atender — respondeu a médica, intrometendo-se na conversa.

— Onde é o banheiro?

— Do lado esquerdo da porta, não demore!

A sala de espera ficava para o lado direito.

Priscila não teve dúvida, foi até a sala onde estava Natália e pediu à amiga:

— Vamos embora daqui, estou desistindo!

— Ah! Graças a Deus! Minhas preces foram atendidas. Mas você vai assim?

— Preciso salvar meu filho, eu estava cega pelo egoísmo e o medo, vamos!

— Mas você vai assim? Com essa roupa?

— Ah, esqueci, vou me trocar e vamos embora.

Priscila vai ao quarto onde havia deixado sua roupa, ao lado da sala de cirurgia. Ela se troca rapidamente e em breves instantes passa pela recepção da clínica.

Sem entender o que está acontecendo, a atendente coça a cabeça desconcertada.

Imediatamente ela liga para a sala de cirurgia onde a médica ainda aguardava pela volta de Priscila.

— Doutora?

— Sim, Elaine, o que aconteceu?

— Acaba de passar pela recepção a jovem que iria se submeter à operação; aconteceu alguma coisa?

— Ela pediu para ir ao banheiro e ficamos esperando o retorno dela.

— Pois é, doutora, ela acaba de passar por aqui.

— Essas mulheres são malucas mesmo. Deixe que vá embora, é uma louca a menos para atrapalhar. — Refletindo rapidamente, a médica indagou: — Mas e o dinheiro? Ela pediu de volta?

— Doutora, ela passou direto e não disse nada, largou as joias aqui.

— Ótimo, caso ela volte, não devolva nada, vai pagar pelo prejuízo de ter roubado meu precioso tempo.

— Sim, senhora. Mais alguma coisa, doutora?

— Já que temos tempo, ligue para a próxima paciente, diga-lhe que pode vir se livrar do "problema" mais cedo, eu a aguardo.

— A próxima paciente é a filha do presidente da Câmara.

— Muito bem, essa pode pagar um preço especial, o "problema" dela pode causar transtornos políticos ao pai. Ligue pra ela!

— Imediatamente, doutora, estou ligando.

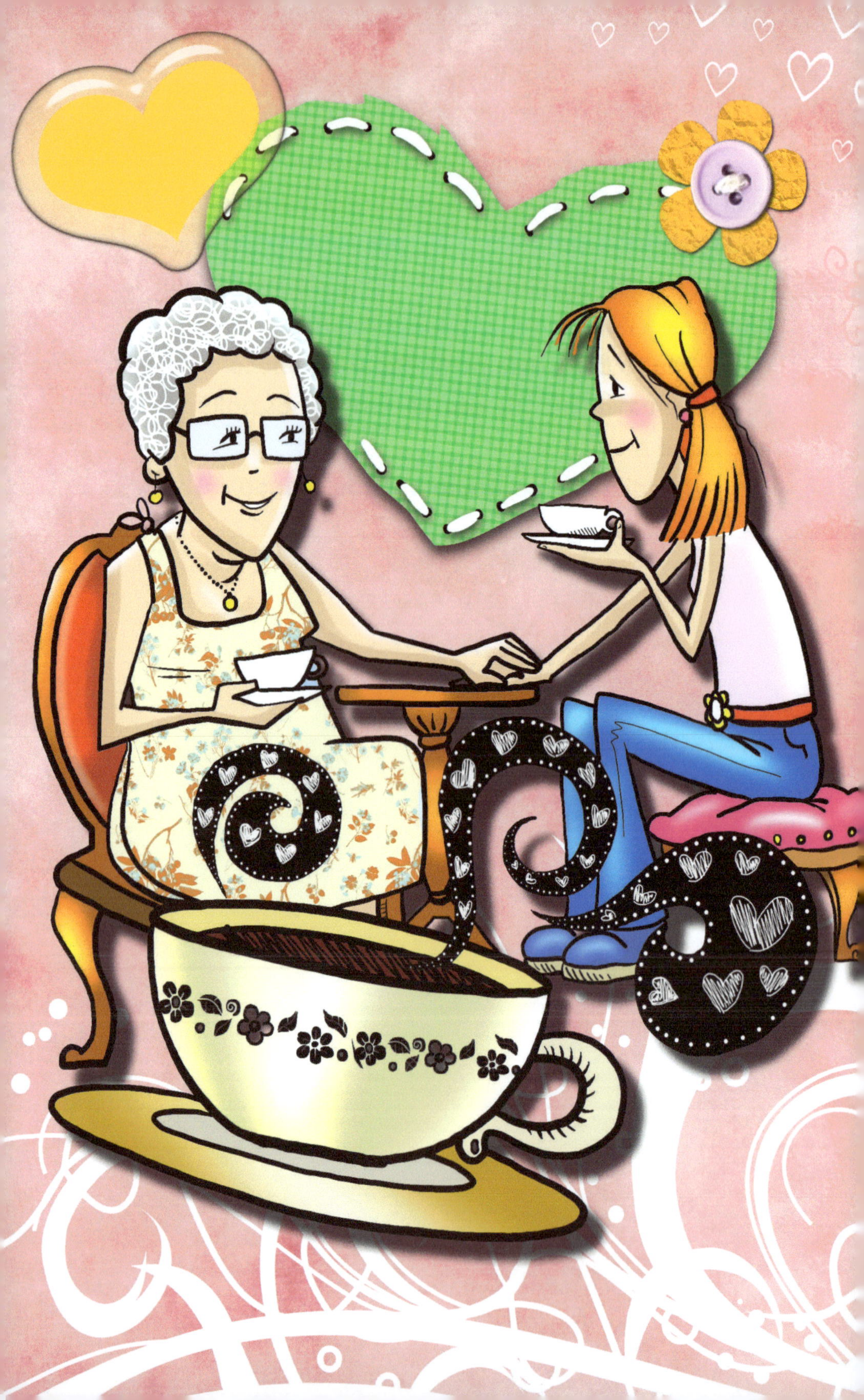

A VERDADE

> A verdade tem pernas longas,
> Para sempre nos alcançar,
> A mentira, as pernas curtas,
> Para sempre nos derrubar.
>
> Pri

A caminho de casa, Priscila conversa com a amiga:

— Natália, não sei o que está acontecendo comigo.

— Por que você diz isso?

— Essas visões, esses sonhos, sei lá o que é isso, estão me deixando confusa.

— Quando foi que tudo começou mesmo?

— Não lembra? Foi logo que a Cíntia desapareceu, foram vários sonhos com ela. E agora essa última visão lá na clínica.

— Você não me contou nada sobre isso, não quer falar?

— É claro que vou falar, só estava tentando entender o que houve, mas, por mais que eu pense, não consigo compreender como essas coisas acontecem.

— Você sonhou de novo com a Cíntia?

— Não apenas sonhei, como também conversei com ela.

— Agora quem está ficando confusa sou eu. Você está me dizendo que falou com a Cíntia?

— Isso mesmo, eu não sou maluca. A Cíntia apareceu lá na sala de cirurgia e ainda me contou o que aconteceu com ela e com o Alex.

— Fala sério, Pri!

— Natália, eu nunca falei tão sério em toda minha vida. Se não fosse ela, a essa hora o meu filho estaria morto — dizendo isso, ela acariciou o ventre num gesto de ternura.

— E agora? O que você vai fazer? — E, assim conversando, as duas amigas caminhavam, de braços dados, aliviadas pelo aborto não concretizado.

— Em primeiro lugar, tenho que admitir; preciso conversar com sua tia a respeito dessas coisas que acontecem comigo. Em segundo lugar, preciso conversar com meus pais sobre o que fiz de errado e as consequências do meu equívoco. E, em terceiro lugar, preciso muito abraçar uma pessoa e agradecer pela ajuda que ela tem me dado.

— É mesmo?

— Sim, Natália, dá um abraço, em mim e no meu filho, nós queremos agradecer por tudo que você tem feito pela gente.

Natália chorou emocionada e abraçou fortemente a amiga. Depois do abraço, abaixou-se e beijou a barriga de Priscila.

— Pri, vamos direto para a casa da minha tia, tenho certeza de que ela vai nos atender com muito carinho. Vamos pegar o ônibus, o bairro dela é um pouco afastado.

*****

Natália indica o edifício onde a tia mora:
— É aqui!
Ela aperta o botão do apartamento 23.
Uma voz jovial atende:
— Boa tarde!
— Oi, tia! Sou eu, Natália!
— Oi, amor! Pode subir.
— Vamos, Pri, você vai gostar dela!

Elas sobem pelo elevador e em breves segundos chegam ao aconchegante apartamento, que já estava com a porta aberta.

— Oi, tia! — Natália abraça a jovem senhora que, sorridente, as recebe com muito carinho. — Essa é a minha amiga Priscila.

— Oi, Priscila, que bom que você veio à minha casa. Estou feliz em recebê-la.

— Obrigada, dona Cecília!
— Por favor, não me chame de dona, me chame de Cecília, simplesmente.
— Tá certo, Cecília, vou chamá-la assim.
— Parabéns, Priscila!
— Parabéns pelo quê, Cecília?
— Por sua atitude...
— Mas que atitude?

— De optar pela vida!

— Como você sabe disso?

— Se você não tivesse optado pela vida, não viria aqui com a Natália.

— Pri, eu não falei nada pra ela, juro que não falei!

— Não se preocupe, Priscila, já me considero sua amiga e desejo te ajudar. Eu vou preparar um chá para nós três e, enquanto o tomamos, você vai me contar toda a história, pode ser?

— Tem aquele bolo de fubá que a senhora faz, tia?

— Fiz agora. Vou pôr a água no fogo para o chá, e você, Natália, arrume a mesa para as xícaras.

— Pode deixar, tia. Vamos, Priscila, me ajude.

A água fumegante é absorvida pelos sachês do chá de maçã com canela. Das xícaras emana o agradável aroma. Sobre a toalha, delicadamente bordada, um delicioso bolo de fubá é cortado em generosas fatias para que todas possam se servir.

— Priscila, fique à vontade, fale tudo que quiser, temos todo tempo para ouvir você.

— Pode confiar, Pri, minha tia é de total confiança.

Priscila suspira profundamente e, após sorver um gole do chá, inicia o relato de todos os fatos.

Ela fala que desde a infância tinha sonhos esquisitos, nos quais falava com os personagens.

Contou ainda que, por algumas vezes, visitou alguns lugares e, quando tocava em determinados objetos, passava por sua mente cenas das pessoas que, de alguma maneira, interagiram com aqueles objetos ou lugares.

Cecília ouvia tudo com atenção.

Em alguns momentos, Priscila chorava sem conseguir conter a emoção. Assim que se recompunha, prosseguia na narrativa.

Não omitiu nada. Falou da mensagem de Cíntia, afirmando que Alex também fora assassinado por causa do aborto.

Natália ficou surpreendida, pois a amiga lhe escondera aquele fato.

— Eu estou ficando louca, Cecília? Me diga se eu sou maluca!

— Priscila, você não está maluca e nem vai ficar. Você é portadora de potencialidade sensorial denominada mediunidade. Mas penso que não adianta ficar aqui dando explicações para isso ou aquilo. Precisamos ajudar você a se recompor diante de tantos fatos estonteantes, que deixariam qualquer pessoa confusa. Se desejar, posso levá-la a um centro espírita para que, junto com outros jovens, você possa estudar esses fenômenos psíquicos que vivencia. Só tememos o que desconhecemos; quando você entender o porquê destes acontecimentos, pelo estudo e bom senso, tratará disso com naturalidade. Com relação à clínica de aborto, se você desejar, pode fazer uma denúncia anônima, preservando-se. Anonimamente também, você pode falar sobre o desaparecimento do casal Alex e Cíntia. O que você acha?

— Eu enxergava o aborto como solução por não querer aborrecer meus pais. Tinha medo de perder o ano letivo. Mas as visões da Cíntia e do Alex me abriram os olhos. Outras jovens estão correndo o mesmo risco. Se você me ajudar, Cecília, eu faço a denúncia.

— Primeiro vamos conversar com seus pais. Depois vamos tratar das denúncias — respondeu calmamente Cecília. — Pode ser?

— Claro! Pode ser, sim! Eu também gostaria de conhecer o centro espírita; as pessoas falam muita coisa a respeito, mas eu gostaria de tirar as minhas próprias conclusões.

— Certo, assim que se faz, nada de pensar pela cabeça dos outros. Temos um grupo em nosso centro chamado Mocidade Espírita Leopoldo Machado (MELM), você vai conhecer muitos jovens.

— Acho que desta vez também vou aceitar seu convite, tia! — Natália falou, sorrindo.

— Então, estamos combinadas, no próximo sábado iremos conhecer os jovens da MELM.

— Tia, a Pri disse que o primeiro amor dela foi um desastre, você concorda com isso?

— Claro que não! Ela ainda irá conhecer o amor.

— Acho que eu dramatizo demais as coisas!

Cecília levanta-se da cadeira e, indo em direção a Priscila, abraça-a com extremado carinho.

— Vamos falar com seus pais? Não se preocupe, tudo vai ficar bem.

— Podemos ir, já me sinto aliviada só de pensar em contar tudo a eles. Sei que vou ter que arcar com as consequências dos meus atos, mas é bem melhor tê-los a meu lado.

— Assim é que se fala! — alegra-se Natália.

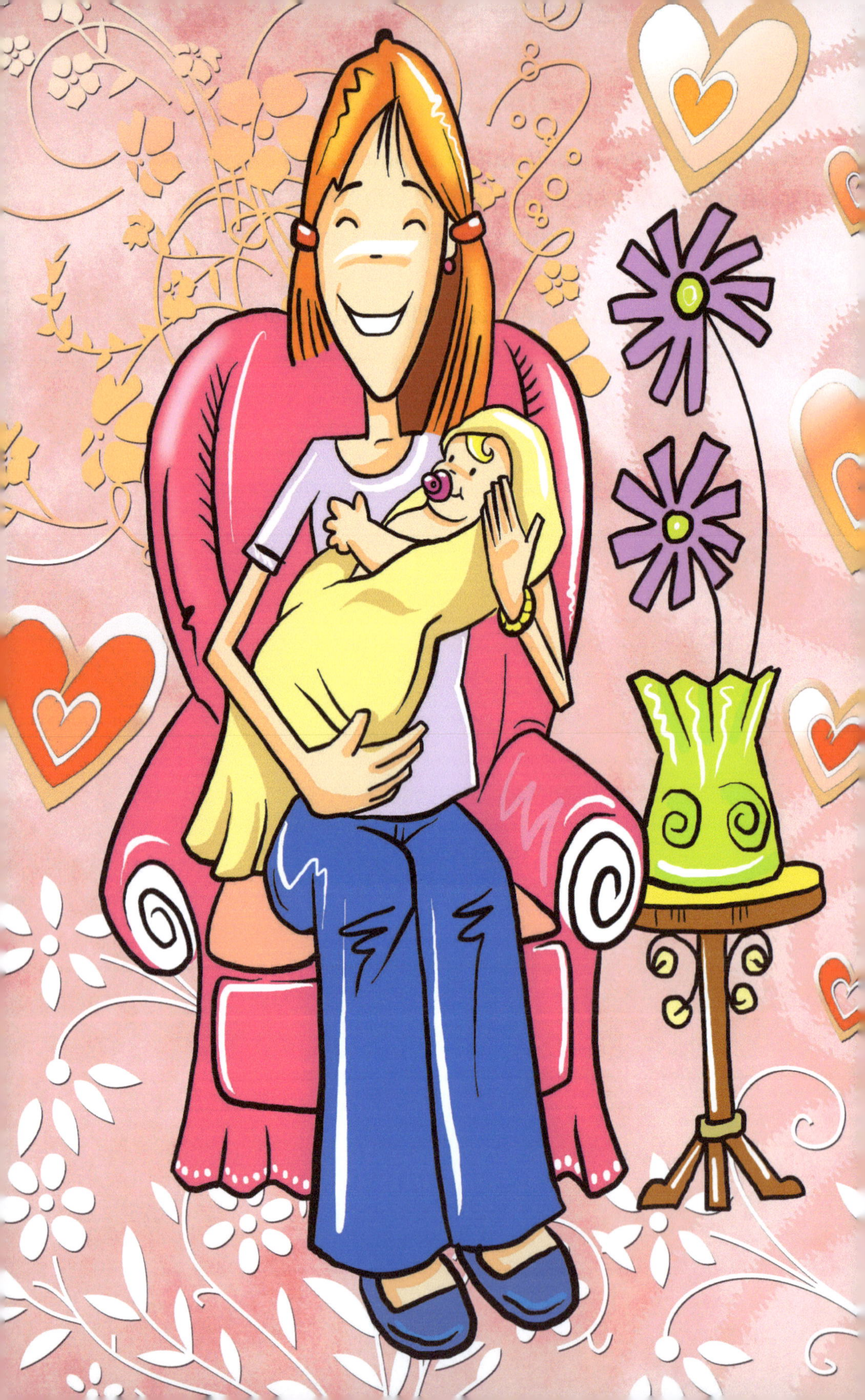

Meu filho, meu primeiro amor!

*Eu te amo,
Amo-te eu,
Te amo eu,
Meu amor é seu.
Ao meu filho...*
Pri

— Mãe, esta aqui é a Cecília, tia da Natália, elas vieram comigo porque eu tenho algo muito sério para falar pra senhora e o papai.

— Sentem-se, fiquem à vontade! Seu pai ainda não chegou, não sei se ele vai demorar hoje.

— Se ele demorar, eu falo com a senhora agora mesmo e converso com ele depois. Mas a conversa precisa acontecer hoje, não vou dormir em paz se ficar mais uma noite nessa angústia.

— Mas é tão grave assim, filha?

— Não é grave, Lúcia, são problemas normais e acredito que você ficará muito feliz pela atitude responsável da sua filha, no enfrentamento de um delicado problema — interveio Cecília conciliadora.

— Tudo bem, entendo... mas é melhor você começar a contar tudo, acho que seu pai ainda demora um pouco.

Priscila olha para Cecília e para Natália, as duas balançam a cabeça afirmativamente, ela então inicia a narrativa:

— Mãe, tudo aconteceu dessa maneira...

E ela contou todos os fatos, não escondeu absolutamente nada.

Elas não se deram conta de que o pai de Priscila chegara. Ele, ouvindo as vozes, preferiu ficar no cômodo contíguo ouvindo as revelações da filha. Sentiu que não deveria atrapalhar as confissões da menina.

Priscila só interrompia a narrativa para secar uma lágrima vez por outra e para pedir desculpas à mãe pelo aborrecimento.

Após contar tudo, ela finalizou:

— Mãe, eu preciso do seu perdão e da sua ajuda!

Lúcia não disse nada, aproximou-se da filha e, com um abraço forte e emocionado, disse tudo o que seu coração de mãe desejava falar.

Elas se mantiveram assim, abraçadas, por alguns instantes.

No outro cômodo, seu Edgar secava algumas lágrimas.

— E o meu pai?

— O que tem seu pai, minha filha?

— Será que ele vai me perdoar pelo ano letivo que vou perder?

Para surpresa de todas, ele entra na sala e diz:

— E por que você vai perder o ano letivo? Por acaso as mulheres quando estão grávidas param de pensar?

Tomada de emoção, Priscila vai em direção ao pai e o abraça chorando.

— Que é isso, minha menina, seu pai é seu amigo também! Eu e sua mãe iremos apoiar você em tudo, principalmente em sua vida na escola. Não deixe de estudar. Pelos meus cálculos, o bebê vai nascer em período de fácil adaptação com a escola. Erga a sua cabeça e recolha os frutos da sua ação. Conte comigo e com a sua mãe!

— Parabéns, Priscila, você tem uma família maravilhosa! — afirmou Cecília com alegria.

Todos ficaram ali conversando por muito tempo, jantaram juntos e até sugeriram o nome para o bebê.

Seu Edgar pediu à esposa que levasse a filha no dia seguinte a um ginecologista para o pré-natal.

Com o apoio dos pais, a denúncia foi feita e a polícia prendeu as pessoas envolvidas na prática do aborto. Um dos funcionários de confiança da clínica, ao ser interrogado, confessou que recebera certa quantia em dinheiro para sumir com os corpos de Cíntia e Alex.

A médica, muito influente na cidade, tentou se eximir da responsabilidade, mas as joias da avó de Priscila, encontradas na bolsa dela, foram a prova material da culpa. Terminou presa.

Priscila passou a frequentar a MELM todos os sábados. No centro espírita, ela foi educando as suas potencialidades mediúnicas e colaborando nas atividades em que já estava apta a servir.

****

Algum tempo depois...

As contrações se iniciaram e Priscila foi levada para a maternidade.

Cecília, Natália e os pais correram para assistir a jovem mãe.

Do lado de fora, Ferrugem, Fernando e Peu também aguardavam as novidades.

Na sala de cirurgia, Priscila lutava para que o parto fosse normal, sem cesariana.

Os médicos davam-lhe toda a assistência... os minutos passavam.

A enfermeira secava com carinho o suor que escorria largamente na fronte de Priscila.

— Calma, Priscila, falta pouco... — orientava o médico.

Com a mais prolongada das contrações, Priscila sentiu faltarem as forças, até que olhou para o lado e percebeu que alguém segurava sua mão com carinho.

— Tome conta dessa criança! Aí está o seu primeiro amor! — era Cíntia que, ao lado de Alex, sorria com ternura.

Ouve-se um choro, a vida a cantar! Nasce o bebê!

A imagem de Alex e Cíntia se desvanece diante dos olhos de Priscila.

A criança é aconchegada ao seu peito, e Priscila chora fazendo uma prece para o seu primeiro amor.

Os anos se passaram e...

Natália e Priscila formaram-se, casaram-se e seguem cuidando de suas famílias.

Ambas auxiliam em respeitável instituição espírita atendendo aos jovens.

Ferrugem, Peu e Fernando, que virou cantor de *rap*, seguiram seus caminhos, e todos continuam mais amigos do que nunca.

Obras de Adeilson Salles

Bellinha e a Lagarta Bernadete

Por que Deus chama as pessoas para o céu?
Neste livro, a lagarta Bernadete explica à Bellinha o ciclo da vida e trata, com sensibilidade, temas como morte, reencarnação, evolução e muito mais!

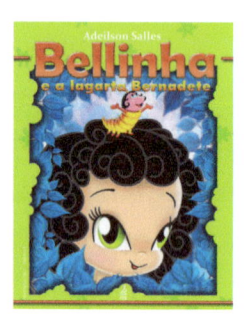

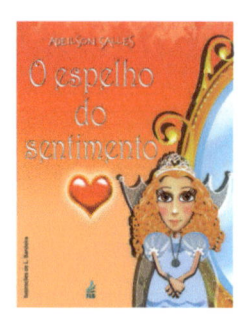

Espelho do sentimento (O)

Na Livrolândia está chegando o grande dia da Olimpíada da Conjugação Verbal. Qual será o verbo escolhido desta vez?
Os inscritos na olimpíada estão nervosos porque deverão conjugar o verbo diante do Espelho do Sentimento.
O que terá esse espelho de especial?
Descubra e se divirta lendo este livro.

Fugindo para viver

Dois adolescentes, Carlinhos e seu amigo Pardal, convidam os jovens leitores a viver uma grande aventura.
Fugindo para viver é atual e comovente, um livro que você vai ler mais de uma vez.
Nessa empolgante narrativa, a aventura se confude com ensinamentos sobre a vida espiritual; Pardal e Carlinhos enfrentam vários perigos em sua fuga para a vida.

Maior brejo do mundo (O)

O maior brejo do mundo apresenta em sua narrativa situações relacionadas à família e como agir quando temos que tomar certas decisões. Com belíssimas ilustrações, é um livro para crianças e adultos que se interessam pelo mundo infantil.

Segredo da onça-pintada (O)

Um segredo bem guardado pela poderosa Onça-Pintada está prestes a ser descoberto. Quer saber o que esconde a D. Onça? Então leia esta história que aborda de forma leve e divertida a descoberta das faculdades físicas e o respeito às diferenças.

Um mundo sem livros

Dois personagens que desejam acabar com todos os livros do mundo; uma máquina utilizada para aspirar os pontos, vírgulas, acentos e espaços dos livros.
Como Alfabetinho, um menino que gosta muito de ler, conseguirá viver em um mundo sem livros?
Descubra o final da história e também a importância da boa leitura.

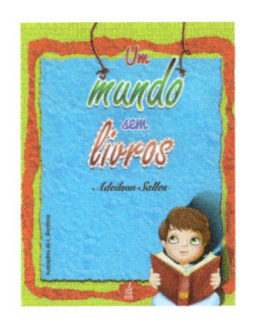

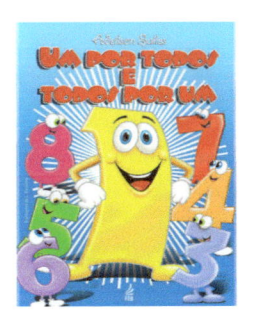

Um por todos e todos por um

Um número revoltado com a Humanidade; um menino indignado por causa de um castigo. No centro da história, o incrível reino da Matemática e a superação de problemas. Todas essas experiências resultam em um livro dinâmico e atual que mostra às crianças que as situações difíceis podem ser superadas e que a Matemática é um universo encantador.

Volta às aulas

No livro *Volta às aulas* o autor faz uma analogia do retorno à escola com a nossa vida na Terra e aborda de forma lúdica a valorização da vida e das ferramentas que são disponibilizadas por Deus para o nosso aprendizado e evolução espiritual.

Obras de Adeilson Salles

Beijinho Beija-Flor
Sou Beijinho Beija-Flor, Levo a vida a beijar. Beijo flores com amor, Beijo não é pra se guardar. Beijinho Beija-Flor é o nome de um beija-flor diferente. Além de beijar flores, ele também gosta de beijar todos os animaizinhos da floresta. Num belo dia, Beijinho é obrigado a enfrentar a temida Águia Aguiomar. Leia esta história e se encante com os beijos do maior beijoqueiro da floresta.

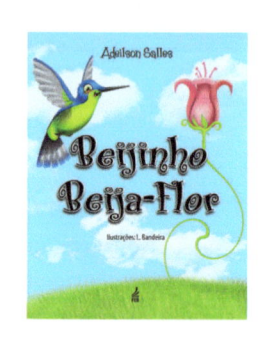

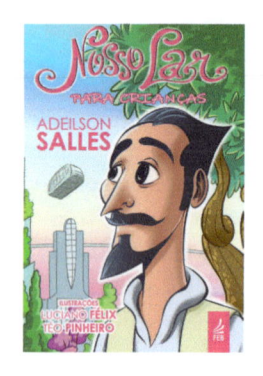

Nosso Lar para crianças
Um médico muito inteligente desencarna e descobre que não morreu! Ele acorda no Mundo Espiritual, onde vivem todos os que já se foram e que um dia voltarão a renascer. Quantas coisas incríveis naquele mundo novo! Mas quantas saudades da família ele também sentia!... Lá, descobre que viveu sem saber amar, e precisa aprender a cuidar do próximo e de si mesmo para poder visitar sua esposa e seus filhos queridos, na Terra. Vamos acompanhá-lo nesta jornada? Ah! seu nome: André Luiz.

Clássico da literatura espírita, Nosso Lar, ditado por André Luiz ao médium Chico Xavier, recebe esta adaptação ao público infantil, levando diversão e aprendizado para toda a família. Boa leitura!

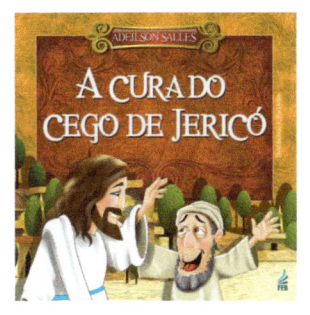

Cura do cego de Jericó (A)

A cura do cego de Jericó é uma das mais conhecidas passagens do Novo Testamento. É a história de um homem de fé, que mesmo limitado pela cegueira, conseguiu enxergar o Rei dos reis com os olhos do coração. Bartimeu viu o amor e aprendeu que não há limites para quem se propõe a amar.

Menino Chico: uma história pra contar

Um menino que se fez homem ou um homem que se fez menino? Essa é a história de um menino que brincava de amar. Simples como um sorriso, alegre como um novo dia. Uma história sensível sobre Chico Xavier, o homem que sempre foi menino na simplicidade do amor e no entendimento da vida. Menino Chico, uma história pra contar e encantar... uma história de amor ao próximo.

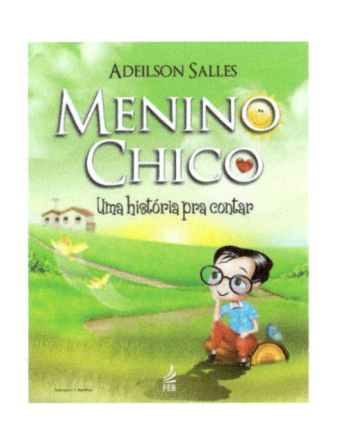

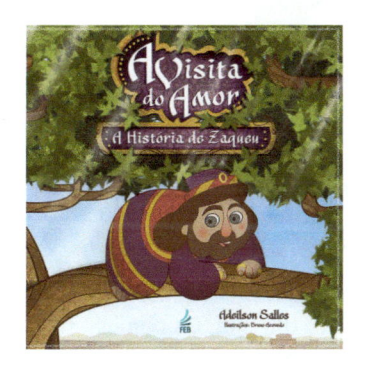

Visita do amor (A)

Conheça a história de Zaqueu, um cobrador de impostos que, por causa de sua profissão, era odiado por todos em Jericó. A Páscoa chegou e trouxe Jesus, o "Mestre" — um homem amável e bondoso que fazia milagres, ajudava os pobres e miseráveis e que, devido à fé e ao arrependimento de Zaqueu, trouxe a salvação à sua casa.

FEB editora
Livro espírita para um novo mundo
www.febeditora.com.br
@febeditoraoficial
@febeditora

Conselho Editorial:
Carlos Roberto Campetti
Cirne Ferreira de Araújo
Evandro Noleto Bezerra
Geraldo Campetti Sobrinho – Coord. Editorial
Jorge Godinho Barreto Nery – Presidente
Maria de Lourdes Pereira de Oliveira
Miriam Lúcia Herrera Masotti Dusi

Produção editorial:
Elizabete de Jesus Moreira

Capa, Projeto Gráfico e Ilustrações:
Lourival Bandeira

Normalização Técnica:
Biblioteca de Obras Raras e Documentos Patrimoniais do Livro

Esta edição foi impressa no sistema de Impressão pequenas tiragens, em formato fechado de 155x230 mm e com mancha de 110x180 mm. Os papéis utilizados foram o Couche fosco 90 g/m² para o miolo e o Cartão 250 g/m² para a capa. O texto principal foi composto em Myriad Pro 13/18. Impresso no Brasil. *Presita en Brazilo.*